essentials

Rainer Alt · Gunnar Auth · Christoph Kögler

Innovationsorientiertes IT-Management mit DevOps

IT im Zeitalter von Digitalisierung und Software-defined Business

 Springer Gabler

Prof. Dr. Rainer Alt
Universität Leipzig
Leipzig, Deutschland

Christoph Kögler
T-Systems Multimedia Solutions GmbH
Dresden, Deutschland

Prof. Dr. Gunnar Auth
Hochschule für Telekommunikation Leipzig
Leipzig, Deutschland

ISSN 2197-6708   ISSN 2197-6716   (electronic)
essentials
ISBN 978-3-658-18703-3   ISBN 978-3-658-18704-0   (eBook)
DOI 10.1007/978-3-658-18704-0

Die Deutsche Nationalbibliothek verzeichnet diese Publikation in der Deutschen Nationalbibliografie; detaillierte bibliografische Daten sind im Internet über http://dnb.d-nb.de abrufbar.

Springer Gabler
© Springer Fachmedien Wiesbaden GmbH 2017

Gedruckt auf säurefreiem und chlorfrei gebleichtem Papier

Springer Gabler ist Teil von Springer Nature
Die eingetragene Gesellschaft ist Springer Fachmedien Wiesbaden GmbH
Die Anschrift der Gesellschaft ist: Abraham-Lincoln-Str. 46, 65189 Wiesbaden, Germany

Was Sie in diesem *essential* finden können

- Grundlagen von Digitalisierung, Innovation und IT-Management (ITM)
- Konsequenzen der Digitalisierung und der Innovationsorientierung für das ITM
- Evolution des Software-defined Business und Bedeutung des Softwaremanagements
- DevOps als Instrument im ITM zur Verbindung von Innovationsorientierung und Effizienz
- Fallstudie zur Ausgestaltung und Einführung von DevOps bei T-Systems Multimedia Solutions

Vorwort

Es ist paradox – einerseits ist mit der Digitalisierung der Wirtschaft eine Abhängigkeit von der Informationstechnologie (IT) entstanden, die bei Ausfällen des Systembetriebs für unmittelbare Auswirkungen auf die Geschäftsprozesse und damit auch die Umsätze sorgt. Die sorgfältige Entwicklung zuverlässiger Softwaresysteme und der ausfallsichere Betrieb der Infrastrukturen sind somit unmittelbar geschäftskritisch. Andererseits erfolgen der zeitnahe Einsatz neuer Technologien und die schnelle Bereitstellung von Aktualisierungen nicht nur, um einen Wettbewerbsvorteil zur erlangen, vielmehr sind sie auch eine Notwendigkeit im Wettbewerb. In der Welt der „Appstores" erwarten Kunden nicht alle sechs Monate ein neues Release, sondern in deutlich kürzeren Intervallen. Entwicklungsaktivitäten in der „klassischen" IT-Abteilung von Unternehmen sind jedoch bei Anfragen der Fachabteilung mit Aussagen konfrontiert, wie etwa: „Wir sind gerade vollkommen ausgelastet und können ihre Anforderungen erst in sechs Monaten bereitstellen. Die Auslieferung erfolgt dann zum darauffolgenden halbjährlichen Releasetermin, sodass ihre Anforderung frühestens in einem Jahr umgesetzt sein kann."

Offensichtlich sind solche Aussagen nicht mehr zeitgemäß, denn die Rolle der IT-Abteilungen hat sich im Zeitalter der Digitalisierung grundlegend verändert. Demnach ist „die IT" nicht mehr nur eine unterstützende Funktion zur Bereitstellung von Servern und Netzwerken, Applikationsbetrieb und Nutzerbetreuung, sondern ein zentraler Bestandteil der eigentlichen Leistungen der Unternehmen. Bekannte Beispiele aus der Medienindustrie, wie etwa das Verdrängen (physischer) Tonträger durch (softwarebasierte) Streamingdienste oder die Substitution von klassischen Bezahlverfahren mit (physischem) Bargeld durch (softwarebasierte) Bezahldienste wie Paypal aus der Finanzbranche, finden sich nicht mehr nur in ausgewählten Branchen, sondern stehen exemplarisch für übergreifende

Veränderungen in allen Branchen. Verallgemeinert führt dies für Unternehmen –
unabhängig von deren Branche oder Größe – zur Notwendigkeit einer beständigen Beobachtung, Diskussion und letztlich Umsetzung des digitalen Wandels.
Bekanntermaßen weisen IT-Innovationen gegenüber vorherigen Innovationen
wie der Dampfenergie oder der Elektrizität eine deutlich höhere Innovationsgeschwindigkeit auf, sodass IT-Abteilungen bei der Bereitstellung neuer Lösungen
nicht mehr die erwähnten Monate oder gar Jahre beanspruchen können. Heute
führen IT-Unternehmen wie Amazon, Apple, Google oder SAP das Denken agiler
Vorgehensweisen weiter und liefern neue Produkte bzw. deren Weiterentwicklungen im Wochen- oder sogar Tagestakt über ihre Plattformen aus. Ebenso sind dies
keine Beispiele von „Ausnahmebranchen", sondern auch relevante Vorgehensweisen für kleine und mittlere Unternehmen. Während dies als klare Bedrohung der
künftigen Wettbewerbsfähigkeit zu interpretieren ist, entstehen dadurch gleichzeitig auch Chancen. Hier setzt das vorliegende Buch an und vermittelt eine Sicht
auf die Weiterentwicklung des betrieblichen IT-Managements. Dazu stellt es
zunächst Grundlagen zur Digitalisierung, zum Innovationsmanagement und zum
IT-Management vor, um anschließend auf DevOps als vielversprechenden Ansatz
für ein innovationsorientiertes IT-Management einzugehen.

Einen Schwerpunkt des Buches bildet die Fallstudie von T-Systems MMS,
die Einblick in das Aufsetzen eines DevOps-Programms gewährt und Erfahrungen aus zahlreichen DevOps-Projekten liefert. Im Mittelpunkt steht die Zusammenarbeit von Softwareentwicklung und IT-Betrieb mit Kunden auf Basis einer
organisatorischen Neuausrichtung und der Konzeption einer durchgängigen Delivery Pipeline. Wir möchten an dieser Stelle den Interviewpartnern bei T-Systems
MMS herzlich für ihre Bereitschaft zur Teilnahme an Interviews und der Beant-
wortung von Rückfragen danken. Namentlich erwähnt seien hier Jörg Hastrei-
ter, Kathrin Frohß, Ronald Schwarz, Ralf Knobloch sowie Olaf Garves. Bei der
Erstellung der Grafiken geht unser Dank an die Unterstützung von Maxi Herzog.
Wir hoffen, dass dieses Buch einen Beitrag zur Konkretisierung eines innovationsorientierten IT-Managements und bei der spannenden Ausrichtung von IT-
Organisationen im Zeitalter der Digitalisierung leisten kann.

Leipzig und Dresden   Rainer Alt
im Juni 2017   Gunnar Auth
                                                              Christoph Kögler

Inhaltsverzeichnis

Abkürzungsverzeichnis

API	Application Programming Interface
AT	Agile Testing
BYOD	Bring Your Own Device
CAMS	Culture, Automation, Measurement, Sharing
CD	Continuous Delivery
CDO	Chief Digital Officer
CI	Continuous Integration
CIO	Chief Information Officer
CT	Continuous Testing
DBMS	Datenbank Managementsystem
EDV	Elektronische Datenverarbeitung
ERP	Enterprise Resource Planning
F&E	Forschung und Entwicklung
HW	Hardware
IaaS	Infrastructure as a Service
IaC	Infrastructure as Code
IIM	Integriertes Informationsmanagement
IoT	Internet of Things
ISO	International Organization for Standardization
IT	Informationstechnologie

ITIL   Information Technology Infrastructure Library
ITM   IT-Management
ITSM   IT Service Management
KEB   Kunde, Entwicklung, Betrieb
SdB   Software-defined Business
SLA   Service Level Agreement
SW   Software
XP   Extreme Programming

Abbildungsverzeichnis

Tabellenverzeichnis

Digitale Transformation und Software-defined Business

1

Der betriebliche Einsatz von Informationstechnologie (IT) kann mittlerweile auf einen Zeitraum von mehr als 50 Jahren zurückblicken. Dabei hat die IT einen Wandel von einer Unterstützungs- („Support") und Ermöglichungs- („Enabler") hin zu einer Treiberfunktion („Driver") erfahren, der maßgeblich mit der gestiegenen Leistung und Verbreitung von IT-Ressourcen sowie dem Übergang zur Dienstleistungsgesellschaft verbunden ist. Während die IT anfänglich die effiziente Aufbereitung numerischer Kalkulationen übernahm, wie sie sich typischerweise im Finanz- und Personalbereich finden, und damit rein unterstützenden Charakter hatte, bestimmt sie heute häufig das (strategische) Geschäftsmodell und die Abwicklung aller (operativen) Geschäftsprozesse selbst. Zu den Beispielen zählen neuere Entwicklungen wie Fintech- oder datenbasierte Geschäftsmodelle ebenso wie der seit längerem bekannte elektronische Handel („E-Commerce") mit den Einkaufs-, Bestell-, Bezahl- und Zustellsystemen, die Steuerungssysteme im Energiebereich oder das Management bestandsarmer arbeitsteiliger Lieferketten im Automobil- oder im Handelsbereich. Aus operativer Sicht zeigt sich die Relevanz darin, dass Störungen der IT-Infrastruktur unmittelbar mit Umsatzausfällen verbunden sind und aus strategischer Sicht bedeutet das Vernachlässigen bzw. „Verschlafen" IT-getriebener Innovationen nicht selten eine Gefährdung der Wettbewerbsfähigkeit. Der mittlerweile zum Schlagwort avancierte Begriff der Digitalisierung unterstreicht zunächst, dass sowohl die Produkte als auch die Prozesse von Unternehmen und Behörden durch IT – also durch Software- und Hardware – abbildbar sind.

Neben Effizienzeffekten umfasst Digitalisierung Struktureffekte, die zu neuen Wertschöpfungssystemen führen. Die jüngsten Entwicklungen deuten darauf hin, dass künftige IT-basierte Wertschöpfungssysteme durch das Zusammenspiel zahlreicher Ressourcen entstehen, die eine digitale Komponente in Form eines Chips mit entsprechender Software besitzen. Nachdem heute selbst „traditionelle" physische Produkte, wie etwa Fahrzeuge, Container oder Fertigungsmaschinen, derartige

© Springer Fachmedien Wiesbaden GmbH 2017
R. Alt et al., *Innovationsorientiertes IT-Management mit DevOps,*
essentials, DOI 10.1007/978-3-658-18704-0_1

„Intelligenz" mit Sensoren und/oder Steuerungslogik sowie Speicher- und Kommunikationsfunktionalitäten besitzen (sog. „Internet of Things", IoT), sind Daten vom Entstehungs- bis hin zum Verwendungsort verfügbar. Die Verbindung dieser dezentralen Intelligenz erfolgt über digitale Plattformen an denen nicht nur die Unternehmen einer Wertschöpfungskette beteiligt sind. Vielmehr lassen sich über diese Plattformen weitere softwarebasierte Dienste für Auswertungs-, Verfolgungs-, Verrechnungs- oder Sicherheitsfunktionalitäten einbinden, sodass ein Wertschöpfungssystem im Sinne eines Ökosystems als Basis für viele individuelle Geschäftsmodelle entsteht. Durch die Verwendung einheitlicher Standards können sich die Dienste im Ökosystem wechselseitig ergänzen (z. B. Identifikations-, Bezahl- und Lieferdienste mit zahlreichen E-Commerce-Diensten auf der Plattform), sodass – idealerweise – positive Netzwerkeffekte entstehen.

Bekannte digitale Ökosysteme stammen von IT-Unternehmen wie Amazon, Apple oder Google und schaffen eine neue Dynamik: Während der Aufbau derartiger Ökosysteme hohe Aufwände erfordert, sind die Eintrittsbarrieren für Diensteanbieter in diese Ökosysteme vergleichsweise gering und der Markteintritt schnell möglich. Umgekehrt erwarten dadurch Kunden auch eine schnelle Verfügbarkeit und Aktualisierung von Lösungen. So finden sich im Apple Appstore, in Google Play oder im Microsoft Store neue Releases nicht mehr im Monats- oder Jahresturnus wie bei der „traditionellen" Software üblich, sondern im Wochen- und manchmal sogar im Tagesrhythmus. Nicht nur müssen Unternehmen ihre Leistungen in den Ökosystemen definieren, vielmehr sind diese auch deutlich schneller weiterzuentwickeln. Dabei eröffnen Ökosysteme durch das Zusammenspiel von Diensten neue Möglichkeiten, insbesondere über bestehende Branchengrenzen hinweg. Im Automobilbereich können beispielsweise Diensteanbieter über den Zugang zur Apple-, BMW-, Daimler- oder Google-Plattform den Endkunden eigene Dienste (z. B. Navigations- oder Wartungsdienste ebenso wie Musik- oder E-Commerce-Dienste) anbieten, wobei ein Teil der Einnahmen an den Plattformanbieter fließt und auch dort zu einer Wertschöpfung führt.

Chancen und Risiken im IT-Kontext zu identifizieren und daraufhin zu handeln, gilt neben dem Bereitstellen der betrieblichen IT-Dienstleistungen, wie sie traditionell im Vordergrund der IT-Abteilung standen, als eine der etablierten Aufgaben des IT-Managements (ITM). Für Unternehmen ergibt sich daraus die Herausforderung, einerseits für Innovationen und einen kontinuierlichen Wandel offen zu sein und andererseits einen stabilen operative Betrieb der bestehenden Infrastruktur zu gewährleisten. Mit der digitalen Transformation kommt dem ITM und der darin typischerweise gebündelten Softwarekompetenz eine besondere Bedeutung zu. Die Feststellung „Software is eating the world" (Andreessen 2011) oder der Begriff der „Softwarization" (Elgan 2013) reflektieren eine Entwicklung,

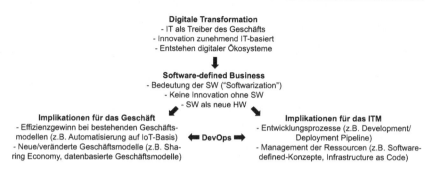

Abb. 1.1 DevOps im Software-defined Business

wonach sich Unternehmen zunehmend zu Softwareunternehmen entwickeln und die Software das Geschäft bestimmt (sog. „Software-defined Business"). Für IT-Abteilungen gilt es daher künftig nicht nur Kompetenzen im Management bestehender IT-Infrastrukturen bereitzuhalten, sondern ihre zentrale Rolle als aktiver Treiber in der effizienten und effektiven Entwicklung neuer software-basierter Geschäftslösungen wahrzunehmen. Dies kann angesichts umfassender Angebote im Cloud Computing bedeuten, sich von klassischen Aufgaben des IT-Betriebs zu trennen und diese von Dienstleistern zu beziehen, um dadurch die eigenen Ressourcen auf das Geschäftsmodell zu fokussieren – eine Vorgehensweise, die gerade bei Start-up-Unternehmen zu beobachten ist.

Das vorliegende Buch motiviert das „Software-defined-Business" (SdB) aus der allgemeineren Digitalisierung heraus und leitet daraus die Implikationen für das Geschäft und das ITM ab (s. Abb. 1.1). Der jüngere, auf dem Umfeld der agilen Softwareentwicklung aufbauende Entwicklungsansatz DevOps bildet dabei eine Möglichkeit die Konsequenzen für das Geschäft und für das ITM zu verbinden. Ein umfassendes Fallbeispiel liefert dafür der Einsatz von DevOps bei der T-Systems Multimedia Solutions.

Digitalisierung, Innovation und IT-Management

2

Als Grundlagen eines innovationsorientierten ITM dienen nachfolgend jeweils kurze Zusammenfassungen der langjährigen Entwicklungen in den drei Gebieten Digitalisierung, Innovationsmanagement sowie ITM.

2.1 Digitalisierung

Der in den letzten Jahren aufgekommene und häufig undifferenziert verwendete Begriff der Digitalisierung stellt zunächst eine jüngere Bezeichnung für Anwendungen der IT in der Wirtschaft dar. Bei näherer Betrachtung ist der Begriff selbst wenig trennscharf, da er zwei historisch nachzeichenbare Ausprägungen vermischt (Hess 2016). Die erste Bedeutung ist in der Kommunikationstechnik verortet, die sich – allgemein formuliert – mit der Informationsübertragung zwischen einem Sender und einem Empfänger befasst. Dies erfolgt mittels Signalen, die in unterschiedlicher Form repräsentiert sein können. Historisch haben Analogsignale die längste Tradition. Sie betreffen mit Schall-, Licht- oder Spannungswellen sog. kontinuierliche Funktionen, sodass Analogsignale eine beinahe unendliche Menge an Symbolen – also etwa Spannungswerte – annehmen können (Meyer 1999, S. 21). Sobald die Kommunikation nicht mehr unmittelbar zwischen Menschen erfolgt, sind Kommunikationsmedien erforderlich, die jedoch zur Übertragung die in analoger Form vorliegenden Informationen[1] in geeigneter Weise erfassen müssen. Drei Beispiele seien hier genannt:

---

[1]Im vorliegenden Kontext findet eine synonyme Verwendung von Information und Daten statt.

© Springer Fachmedien Wiesbaden GmbH 2017
R. Alt et al., *Innovationsorientiertes IT-Management mit DevOps,*
essentials, DOI 10.1007/978-3-658-18704-0_2

- Die **physische Informationsübertragung** versucht mittels einer definierten Symbolvielfalt die Informationen auf einem physischen Trägermedium zu „speichern". In der Schrift erfolgt die Verwendung der Symbole in Form einer bestimmten Grammatik, damit zwischen den häufig räumlich und zeitlich entkoppelten Sendern und Empfängern eine möglichst geringe Informationsverzerrung stattfindet.
- Die **visuelle Informationsübertragung** versucht die geringe Übertragungsgeschwindigkeit physischer Trägermedien (z. B. Kutschen, Eisenbahnen) zu überwinden und überträgt die Signale über Sichtkontakt. Ein Beispiel sind die anfangs des 19. Jahrhunderts aufgekommenen optischen Telegrafen, die codierte Informationen bzw. Signale in einem Netz von Signalstationen mittels Flaggen, Blinkspiegeln oder Winkzeichen übertragen haben.
- Die **elektronische Informationsübertragung** hat seit Mitte des 19. Jahrhunderts mit dem Zeichen- und Sprechfunk sowohl Informationsgeschwindigkeit als auch –gehalt weiter verbessert. Ab den 1970er Jahren entstanden neben der analogen Sprach- und Datenübertragung Netze zur Übertragung digitaler Informationen. Gegenüber der analogen Technik lassen sich diese mittels geeigneter Software nun verfälschungsfrei über unendliche Distanzen transportieren.

Offensichtlich ergeben sich hohe Potenziale für die Informationsübertragung und -speicherung, wenn digital vorliegende Signale mit digitaler Informationsübertragung verbunden sind. Nachdem jedoch in der Lebenswelt analoge Signale vorherrschen und zahlreiche Gegenstände eine physische Repräsentation (z. B. Schriftstücke) besitzen, ist eine Wandlung in die digitale Form und wieder zurück häufig erforderlich. Dies erfolgt beispielsweise bereits am Ort der Datenentstehung, sodass keine analogen Speichermedien (z. B. physische Text-/Bilddokumente, analoges Ton-/Filmmaterial) notwendig sind. Den als Digitalisierung benannten Wandlungsprozess übernehmen sog. Analog-/Digitalwandler (z. B. Bild-/Filmscanner), die analoge Signale abtasten und in ein digitales (d. h. binäres) Format überführen. Je kleiner die Abtastintervalle dabei ausfallen, desto stärker nähert sich die digitale der analogen Qualität an. Aufgrund der steigenden Zahl von Abtastpunkten wachsen die Größen der digitalen Dokumente, sodass sich zunächst zahlreiche Komprimierungsverfahren zur Reduktion der Speicherbedarfe etabliert haben (z. B. JPEG, MP3, MP4, ZIP), die im Zuge wachsender Speichergrößen und Bandbreiten jedoch wieder an Bedeutung verlieren.

Bislang hatten bereits die Entwicklungen in der Informationsübermittlung erhebliche ökonomische Auswirkungen. Indem sich mit der visuellen und schließlich vor allem der elektronischen Informationsübertragung die Informationen („Bytes") schneller als die physischen Güter („Atoms") bewegen ließen (Negroponte 1995), konnten durch vorauseilende Informationsflüsse größere

Transportinfrastrukturen gesteuert und darüber größere Absatzgebiete für die Produkte eines lokalen Unternehmens erschlossen werden. Die Digitalisierung bildet daher die Grundlage internationaler Logistiknetze ebenso wie großer multinationaler Konzerne. Dabei sorgen mindestens vier Entwicklungen dafür, dass sich Informationen künftig direkt am Ort ihres Entstehens digital erfassen lassen und in individualisiert aufbereiteter bzw. ergänzter Form am Verwendungsort zur Unterstützung von Nutzern bzw. Organisationen vorliegen (Alt 2008, S. 56 ff.):

- Die **Leistungsfähigkeit der Hardware** ist seit Aufkommen der elektronischen Schaltkreise exponentiell gestiegen. Nach der bekannten Beobachtung von Gordon Moore („Moore's Law") besteht ein Zusammenhang zwischen der Anzahl der elektronischen Schaltungen bzw. Transistoren auf einem integrierten Schaltkreis („Chip") und dessen relativen Herstellkosten. Gegenüber der anfänglichen These einer jährlichen Verdoppelung der Transistoranzahl je Komponente ist eine Verdopplung alle 18 Monate zu beobachten, sodass beispielsweise das iPhone 5 die 2,7-fache Verarbeitungsleistung des Cray-2 Supercomputers aus dem Jahre 1985 besitzt. Wenngleich ein durch die Grenzen der Physik bedingtes Abflachen der Leistungswachstumsgeschwindigkeit zu erwarten ist, sind durch die gleichzeitig stattfindenden Effekte der Miniaturisierung und der Kostendegression Chips heute in kleinsten Abmessungen und geringsten Preisen verfügbar. Kosteten 1992 eine Million Transistoren noch 222 US\$, waren es 2012 nur noch 6 Cent. Ähnliches gilt für elektronischen (Festplatten)Speicher, bei welchem der Preis für ein Gigabyte in den zwanzig Jahren von 1992 bis 2012 von 569 US\$ auf 3 Cent gesunken ist (Hagel et al. 2013). Damit können heute auch niedrigpreisige Produkte zu geringen Zusatzkosten „Intelligenz" im Sinne von softwarebasierten Informationsspeicherungs- und/oder –verarbeitungsfähigkeiten erhalten. Nachdem die Ansteuerung digitaler Hardware mittels Software erfolgt, bildet die Verbreitung zunehmend leistungsfähiger, miniaturisierter und kostengünstiger Hardware auch die Grundlage der sog. „App(lication) Economy".
- Die **Leistungsfähigkeit der Übertragungsnetze.** Die globale Vernetzung der Hardware geht insbesondere mit der Verbreitung des Internet einher. Mit der ab Mitte der 1990er Jahre zunehmenden Kommerzialisierung des Internet ist ein starkes Wachstum der mit dem Internet verbundenen Rechner („Hosts") zu beobachten, das heute zu einer Milliarde verbundener Hosts (1062.660.523 im Januar 2017 vs. 1313.000 im Januar 1991, (ISC 2017)) geführt hat. Das Wachstum folgt dem nach Robert Metcalfe benannten Zusammenhang („Metcalfe's Law"), wonach der Nutzen eines Kommunikationssystems mit dem Quadrat der Anzahl seiner Teilnehmer anwächst. Neben der

Anzahl angeschlossener Rechner haben sich die über die zunehmend digitalen Netze angebotenen Dienste weiterentwickelt. Über die seit 1972 verfügbare E-Mail-Funktionalität ging das 1991 eingeführte World Wide Web hinaus, das multimediale und vernetzte Inhalte über Webbrowser zugänglich machte. Ab 2000 sind soziale Medien, die Konnektivität über mobile Netze (WLAN, 3G/4G-Netze etc.) und multimediafähige Endgeräte (z. B. Smartphones) sowie integrierte Datendienste (z. B. Voice over IP) hinzugekommen, welche die Möglichkeiten vernetzter bzw. digitalisierter Anwendungen gesteigert haben. Erwartungen zufolge wird sich die Zahl der Internetnutzer von heute 2 Mrd. auf 5 Mrd. in 2020 erhöhen. Gleichzeitig ist die verfügbare Bandbreite bei sinkenden Kosten gestiegen. Beispielsweise waren für 1000 Megabit/s im Jahr 2012 nur noch 23 US$ gegenüber 1245 US$ im Jahr 1999 zu entrichten (Hagel et al. 2013).

- Das **Anwachsen informationsbasierter Tätigkeiten.** Gegenüber den primären und sekundären Wirtschaftssektoren (Agrar, Industrie) umfasst der tertiäre Dienstleistungssektor fast vollständig durch die IT bzw. Software abbildbare Tätigkeiten. Industrialisierte Volkswirtschaften haben sich zu Wissensgesellschaften entwickelt, was sich im Verhältnis der Wirtschaftssektoren zwischen den Jahren 1950 und 2015 (in Klammern) für Deutschland widerspiegelt (Destatis 2016): 24,6 % (1,5 %) für den primären Sektor, 42,9 % (24,4 %) für den sekundären Sektor und 32,5 % (74,1 %) für den tertiären Sektor. Die Digitalisierung ergreift jedoch auch den primären und den sekundären Sektor, da physische Ressourcen und die damit verbundenen Planungs-, Steuer- und Kontrollprozesse zunehmend digital unterstützt sind. Beispiele sind Softwaresysteme zur Steuerung von Agrarmaschinen und –prozessen („Landwirtschaft 4.0", „Smart/Precision Farming") ebenso wie jene von Industrieanlagen und –prozessen („Industrie 4.0", „Smart Car"). In Verbindung mit den beiden vorgenannten Entwicklungen gehen Studien von 20–50 Mrd. intelligenten Geräten bis zum Jahr 2020 aus, welche alle drei Wirtschaftssektoren verändern und auch sektorübergreifende Anwendungspotenziale eröffnen.
- Die **Automatisierung manueller Tätigkeiten.** Mit der Digitalisierung ist eine informatorische Welt neben die physische Welt der Menschen, Betriebsmittel und physische Güter getreten. Die häufig noch anzutreffenden manuellen Dateneingaben verbinden zwar beide Welten, beinhalten jedoch erhebliche Ineffizienzen (z. B. Zeitaufwand und -verzug, Fehlerpotenziale). Ein erster Automatisierungsschritt sind technische Digitalisierungsaktivitäten durch automatisiert digitalisierte Dokumente oder die automatisierte Datenerfassung durch passive und aktive Chips (z. B. Near Field Communication/ NFC, Radio Frequency Identification/RFID), welche die Voraussetzung für

digitalisierte (Echtzeit-)Prozesse bilden. Einen zweiten Bereich der Automatisierung manueller Tätigkeiten bildet die Unterstützung bzw. Substitution menschlicher Entscheidungen, indem Ansätze im Bereich Big Data oder der künstlichen Intelligenz, auf Basis umfassender Auswertungen von (digitalen) Vergangenheitsdaten Entscheidungen beobachten und Vorhersagen treffen.

Zusammengefasst bildet die Digitalisierung im rein technischen Sinne die Grundlage für eine zweite Bedeutung im organisatorisch-gesellschaftlichen Sinne (Hess 2016). Mit der stark steigenden Anzahl intelligenter Ressourcen – ob nun Fahrzeuge, Drohnen, Kassenterminals oder Smartphones – entstehen Möglichkeiten zur durchgängigen softwarebasierten Abbildung gesamter Nutzungsprozesse, Produkte und/oder Geschäftsmodelle:

- **Digitale Produkte** haben eine ausgeprägte Softwarekomponente und besitzen umfassende Fähigkeiten zur Informationsverarbeitung und zur Kommunikation. Bei den zunehmend vernetzten Fahrzeugen („Connected car") steuern Softwaresysteme beispielsweise sowohl die fahrzeugbezogenen (z. B. Motor-/Fahrwerk-/Airbagsteuerung, Lenk-/Bremsassistenzsysteme, Schließsysteme) als auch die fahrerbezogenen (z. B. Entertainment-/Navigations-/Notrufsysteme) Funktionen.
- **Digitale Geschäftsmodelle** entstehen auf der Grundlage digitaler Produkte und/oder digitaler Prozesse. Ein Beispiel sind die Geschäftsmodelle der Sharing Economy (Puschmann und Alt 2016), die ein softwarebasiertes Geschäftsmodell unter weitgehendem Verzicht auf den Besitz eigener physischer Ressourcen etabliert haben. So haben etwa Automobilhersteller auf Basis von Mietmodellen nutzungsabhängige Preismodelle (z. B. „Pay per use" beim Carsharing von Daimler oder BMW) oder Zusatzleistungen (z. B. Notrufdienste) entwickelt.
- **Digitale Transaktionsprozesse** ergeben sich durch die Verbindung der häufig bereits vorhandenen IT-gestützten betrieblichen Abläufe mit den Abläufen im gesamten Ökosystem von Kunden und Lieferanten bzw. Partnern. Dadurch können etwa die Belieferungsplanung, Bestellungen oder Kundendienstanfragen auf Basis von Echtzeitinformationen und häufig auch in Echtzeit[2] erfolgen.

---

[2]Echtzeit bezieht sich auf die Latenzzeiten zwischen einem Anstoß und dem Reagieren eines technischen Systems. In rein technischen Systemen (z. B. Bremssystemen) ist diese Zeitspanne exakt definiert, während bei vielen betrieblichen Systemen die Fähigkeit zur flüssigen Bearbeitung der Arbeitsaufgabe im Vordergrund steht (Alt 2008, S. 59 f.).

Die Verbindung mit intelligenten Produkten schafft die Grundlage für neue Betriebs- oder Wartungsprozesse (z. B. Carsharing, Fernwartung). Prozesse beginnen direkt am Entstehungsort von Daten und reichen bis zum Verwendungsort. Dies bedeutet, dass Kunden und Partner eines Unternehmens häufig unmittelbar beteiligt sind.

• **Digitale Entwicklungsprozesse** betreffen in besonderer Weise die gesamte Softwareentwicklung. Damit ist einerseits eine möglichst durchgängige Unterstützung und Automatisierung des Entwicklungsprozesses durch Entwicklungswerkzeuge betroffen, andererseits auch die Zusammenarbeit zwischen allen Beteiligten in der Softwareentwicklung. Dies umfasst nicht nur die standortunabhängige Mitarbeit von Entwicklern im Unternehmen, sondern zunehmend die Nutzung von (offenen) Entwicklerplattformen mit Partnern und die Einbindung von Kunden im Sinne von Open Innovation-Ansätzen.

2.2   Innovation und Innovationsmanagement

Wie auch die Digitalisierung besitzt Innovation eine lange Historie, die auf Auswirkungen des technischen Fortschritts und die damit verbundene Verdrängung bestehender Technologien zurückgeht. Dieser Erneuerungsprozess „technischer Sachsysteme" verläuft entlang der Phasen Kognition, Invention, Innovation und Diffusion (Ropohl 1999, S. 107). Kognition bezeichnet den Bereich der (wissenschaftlichen) Grundlagenforschung und kann einer Invention bzw. einer Erfindung vorausgehen. Letztere ist die Voraussetzung jeder Innovation, da sie die Anwendung einer neuen Technologie oder eine neue Anwendung einer bestehenden Technologie umfasst. Ein typisches Ergebnis der Inventionsphase sind Prototypen, welche die Funktionsweise darstellen. Zur Innovation gehört zusätzlich auch die ökonomische Verwendung, denn „solange keine wirtschaftliche Anwendung vorliegt, spricht man von einer Invention" (Pfeiffer et al. 1997, S. 13). Im Innovationsbegriff enthalten ist daher neben einer neuen Technologie oder/und Verwendungsmöglichkeit auch die Frage nach der geschäftlichen Umsetzung das heißt, der nachhaltigen Wertschöpfung beim Kunden und beim innovierenden Unternehmen – verankert, wie sie beispielsweise im Rahmen von Geschäftsprozessen und –modellen stattfindet. Die Diffusionsphase charakterisiert schließlich den erfolgten Einsatz der Innovation.

In der Literatur zum Innovations- und Technologiemanagement finden sich zahlreiche Darstellungen, welche diese vier Phasen um eine lebenszyklusorientierte Betrachtung ergänzen. Danach unterliegen nicht nur Produkte, sondern auch Technologien einem idealtypischen zyklischen Verlauf, der die Abschnitte

Beobachtung, Entstehung, Markt und Entsorgung umfasst (Pfeiffer et al. 1997, S. 17 f.). Über diese Zeit kommt es einerseits zu Erfahrungskurveneffekten, wodurch die Kosten einer bestehenden Technologie sinken und diese tendenziell günstiger wird. Andererseits treten nicht zuletzt aufgrund der Dynamik technologischer Innovationen parallel verbesserte oder vollständig neue Technologien auf. Zwar besitzen diese anfänglich aufgrund der geringen Stückkosten und Erfahrungseffekte ein höheres Kostenniveau, jedoch können sie beim Eintreten dieser Effekte häufig ein vorteilhafteres Kosten-Leistungsverhältnis vorweisen und damit über die Grenzen bestehender Technologien hinausgehen. Diesen Zusammenhang reflektiert das sog. S-Kurven-Konzept, das die Notwendigkeit zur beständigen Suche bzw. Beobachtung neuer Technologien und den rechtzeitigen Wechsel zu diesen beschreibt (Schuh et al. 2010, S. 33 ff.).

Inventionen und Innovationen begründen nicht zwangsläufig immer eine neue S-Kurve. Im Sinne von graduellen Weiterentwicklungen können auch Erfahrungskurveneffekte auf Innovationen beruhen, jedoch liegt der Veränderungsgrad bei grundsätzlichen (bzw. radikalen oder disruptiven) und damit eine neue S-Kurve begründenden Innovationen beträchtlich höher. Die Steigung der jeweiligen S-Kurve drückt das Leistungspotenzial einer Technologie aus und korreliert im positiven Fall mit der sog. Adoptionskurve, wonach innovative Käufer (linker Abschnitt der Adoptionskurve in Abb. 2.1) bereits frühzeitig eine Technologie

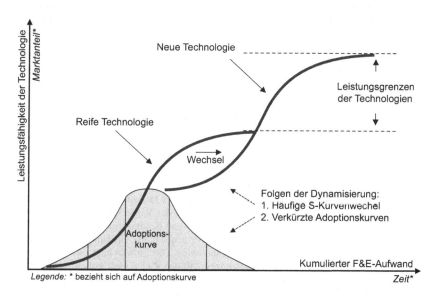

Abb. 2.1 S-Kurvenkonzept. (In Anlehnung an Schuh et al. 2010, S. 44)

nutzen, gefolgt von frühen Folge- und Mehrheitskäufern sowie den späten Mehrheitskäufern und den Nachzüglern. Die Geschwindigkeit der Markterschließung drückt sich in der Breite der Adoptionskurve aus, sodass unter dynamisierten Bedingungen einerseits verkürzte bzw. „gestauchte" Adoptionskurven und andererseits häufigere Wechsel zwischen S-Kurven anzutreffen sind. Eine wichtige weitere Dynamisierung ergibt sich aus dem Zusammenwirken von Technologien und dem Erschließen von Anwendungsfeldern. So steigt bei vernetzten Wertschöpfungssystemen bzw. Ökosystemen die Anzahl der Anwendungsmöglichkeiten einer Technologie mit den daraus resultierenden exponentiellen Wachstumseffekten (s. Abb. 2.2). Diese höhere Kadenz digitaler Innovationen besitzt unmittelbare Konsequenzen für die Innovationsorientierung und die Geschwindigkeit der Softwareentwicklung. Zwei Faktoren seien hierbei hervorgehoben:

- Tendenziell reduzieren offene Entwicklungs- und Betriebs-**Plattformen und -Standards**[3] den Aufwand zur Entwicklung neuer (Software-)Technologien. Dadurch ist die Software nicht nur schneller und zu geringeren Kosten verfügbar, sondern prinzipiell – von nationalen Besonderheiten wie Sprache und rechtlichen Anforderungen einmal abgesehen – auch weltweit nutzbar. Wie die Phänomene der Open Source-Softwareentwicklung und des Crowdsourcing zeigen, sind durch die Plattform Verstärkungseffekte möglich, die einerseits die Innovationsgeschwindigkeit, andererseits aber auch die Arbeitsproduktivität im Bereich der Softwareentwicklung und des Softwaremanagements insgesamt erhöhen können (s Abb. 2.2).
- Weitere Wachstumsimpulse können sich in digitalen Ökosystemen durch die **Rekombination** bestehender Prozesse, Produkte und Geschäftsmodelle ergeben. Ein Beispiel ist das aus Endgeräten, digitaler Plattform (iTunes, iBooks und App Store) und einem einheitlichen Preis- und Vergütungsmodell im Medienbereich bestehende Ökosystem von Apple, dessen Ansatz inzwischen

---

[3]Offene Standards folgen der gemeinsamen Definition des Institute for Electrical and Electronics Engineers (IEEE), der Internet Society (ISOC), des World Wide Web Consortiums (W3C), der Internet Engineering Task Force (IETF) und des Internet Architecture Boards (IAB). Danach bilden gemeinsame „OpenStand Principles" die Grundlage für Innovationen des Internets und damit verwandter Technologien. Die Entwicklung dieser Standards erfolgt in einem offenen Mitbestimmungsprozess mit den Zielen einer hohen Interoperabilität, der Vermeidung übermächtiger einzelner Unternehmen oder Interessengruppen sowie der freiwilligen weltweiten Anwendung (s. https://open-stand.org/about-us/principles/).

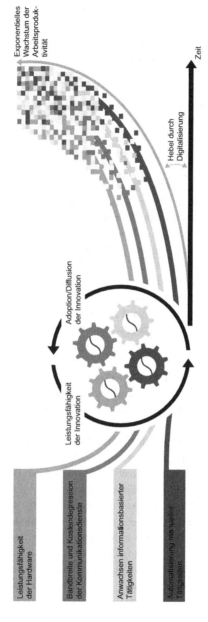

Abb. 2.2 Wirkzusammenhänge bei der Entwicklung digitaler Innovationen. (In Anlehnung an Hagel et al. 2013, S. 17)

andere Unternehmen, wie etwa Amazon, Google oder Salesforce, übernommen haben. Mit der Anzahl im Ökosystem verfügbarer – ggf. sogar kombinierbarer – Dienste bzw. „Apps" steigt nicht nur dessen Nutzen, vielmehr können sich Dienste wie Einkaufs- und Bezahldienste gegenseitig ergänzen (s. Abschn. 2.1).

Aus Sicht des Innovationsmanagements stellt die Digitalisierung mit ihren technologischen Entwicklungen – und damit vielen S-Kurven – ein technologiegetriebenes Veränderungspotenzial dar, das Anwendungen in der Wirtschaft beinhaltet. Folgende Implikationen lassen sich daraus ableiten:

- Die Innovationsdynamik verstärkt die Bedeutung des **Faktors Zeit.** Um exponentielle Innovation mitgestalten zu können, ist heute eine schnellere (Re-)Aktion auf wechselnde Marktanforderungen und technologische Neuerungen als in der Vergangenheit erforderlich. Mit den Wertschöpfungsprozessen ist auch das ITM möglichst agil auszurichten, damit nicht lange Entwicklungszyklen fachliche Innovationen verzögern, sondern das ITM die Innovationen treibt.
- Der Innovationsbegriff impliziert die **Anwendung.** Die Berücksichtigung des Anwendungszusammenhanges erfolgt üblicherweise gemeinsam mit den fachlichen internen oder auch externen Partnern bzw. Kunden des Unternehmens. Insbesondere die organisatorisch-gesellschaftliche Dimension der Digitalisierung erfordert vom ITM eine enge abteilungs- sowie unternehmensübergreifende Zusammenarbeit.
- Der Innovationsverlauf beruht auf **Diskontinuitäten.** Der Wechsel von einer bestehenden zu einer neuen Technologie ist keine Trendextrapolation, sondern findet disruptiv bzw. in Sprüngen statt und unterliegt kreativen Prozessen. Für die Vorwegnahme künftiger Innovationen ist die Gestaltung künftiger Zukunftszustände bzw. Verwendungszusammenhänge durch die zeitnahe Realisierung von Prototypen von besonderer Bedeutung.
- Den Innovationsprozess unterstützen **Methoden und Werkzeuge.** Von der vergleichsweise unspezifischen Beobachtung neuer Technologien hin zur Sammlung konkreter Ideen und Anwendungsvorschläge sowie der Definition konkreter Projekte umfasst der Innovationsprozess zahlreiche heterogene Aufgaben. Deren Abstimmung erfolgt in Methoden (z. B. „Design Thinking") und IT-Werkzeugen (z. B. Atizo, Jovoto), denen sich auch das ITM bedienen kann. Ebenso erfordert die zeitnahe bzw. agile Bereitstellung von Prototypen sowie die allgemeine Relevanz der Software für „Software-defined Businesses" auch eine wirkungsvolle Verbindung mit dem häufig entkoppelten Softwareentwicklungsprozess.

2.3 IT-Management

Der Begriff IT-Management (ITM) bezeichnet im betrieblichen Kontext sowohl aus funktionaler Sicht einen konkreten Aufgabenbereich als auch aus institutioneller Sicht die damit betraute Führungskraft (Manager) bzw. Führungshierarchie („das IT-Management") (Resch 2016). Das Aufgabenobjekt des ITM ist „die IT" im Sinne von Technik (Hard- und Software) zur Informationsverarbeitung eines Unternehmens. In vielen Unternehmen meint „die IT" auch die IT-Abteilung als Organisationseinheit, in welcher die mit IT-bezogenen Aufgaben befassten Mitarbeiter zusammengefasst sind. ITM hat daher neben der Technologie selbst auch Personal, Finanzmittel und weitere Ressourcen zum Gegenstand. Grundsätzlich ist für Tätigkeiten des ITMs eine formale Führungsposition – wie auch bei anderen Managementbereichen (bspw. Personalmanagement) – nicht notwendigerweise erforderlich. Tatsächlich verschwimmen gerade im ITM die Grenzen zwischen Management- und Sachaufgaben, d. h. beide Aufgabentypen sind Bestandteile des ITMs. In der Praxis findet sich in der hierarchischen Unternehmensorganisation die Verantwortung für das ITM häufig bei einer bestimmten Führungskraft wieder. Zusammen mit unterstellten Führungskräften wird dieser Personenkreis ebenfalls als IT-Management bezeichnet, wobei sich für die höchstrangige IT-Führungskraft die Bezeichnung Chief Information Officer (CIO) etabliert hat. Während der CIO häufig über eine stark ausgeprägte IT-Kompetenz verfügt, findet sich in jüngerer Zeit auch die Funktion eines Chief Digital Officers (CDO), der die Gestaltung der digitalen Transformation eines Unternehmens verantwortet und dafür eine digitale Führungskompetenz benötigt (Bülchmann 2017). Zu dieser Kompetenz zählen u. a. Kenntnisse zu Strategie- und Produktentwicklung, Prozessmanagement und Marketing (Weinreich 2017, S. 12 f.). Der CDO gilt dabei teilweise als Komplement zum CIO, teilweise auch als übergeordnete Rolle. Aus einer prozessorientierten Unternehmenssicht wird das ITM klassischerweise als Unterstützungsprozess angesehen, der Leistungen an die unmittelbar wertschöpfenden (Kern-)Geschäftsprozesse erbringt.

Anhand des Planungshorizonts lässt sich das ITM in zwei Bereiche untergliedern. Während das strategische ITM einen langfristigen Planungshorizont verfolgt, ist das operative ITM eher kurz- bis mittelfristig ausgerichtet. Das strategische ITM entwickelt unter der Verantwortung des CIO die IT-Strategie und leitet daraus Maßnahmen und Vorgaben ab. Zu beachten sind dabei neben der Unternehmensstrategie die Rahmenvorgaben der IT-Governance, die auch eine Kontrollfunktion für das ITM wahrnimmt und daher als Aufgabe außerhalb des ITM anzusiedeln ist (z. B. in der Unternehmensleitung). Das operative ITM umfasst alle Aufgaben zur Umsetzung der Planungen und Einhaltung der Vorgaben des strategischen ITM.

Zwischen dem strategischen und operativen ITM sind enge Kommunikations-
beziehungen im Sinne eines Regelkreises notwendig, jedoch hat das ITM auch
die Beziehung zur Gesamtunternehmensstrategie zu beachten. So sind die Ausrichtung auf die strategischen Ziele des Gesamtunternehmens („Alignment")
sowie umgekehrt die impulsgebende Rolle für die Weiterentwicklung von Strate-
gie und Geschäftsmodell („Enabling") zu gewährleisten. Hier zeigt sich auch die
Verwandtschaft zum Begriff des Informationsmanagements (IM), der sich häufig
nicht klar vom ITM abgrenzen lässt. Im Mittelpunkt des IM steht offensichtlich
die Bedeutung von Information für den Unternehmenserfolg und die Erweiterung des bis zum Aufkommen dieses Begriffs vorherrschenden Verständnisses des
betrieblichen Einsatzes von IT zur Datenverarbeitung. Information tritt als zusätz-
licher Produktionsfaktor bzw. Ressourcentyp neben die klassischen Faktoren und
unterstreicht damit deren unverzichtbare Rolle für die betriebliche Wertschöpfung
(Krcmar 2015).

In der bisherigen Entwicklung des ITM lassen sich mehrere Phasen erkennen, die sich aufeinander aufbauend und teilweise auch parallel entwickelt
haben. Der Neubeginn einer Entwicklungsphase wird durch eine grundlegende
Neubewertung des betrieblichen Einsatzzwecks von IT ausgelöst. Diesen Ein-
satzzweck bestimmt die daran geknüpfte Nutzenerwartung für die betriebliche
Wertschöpfung. Das allgemeine Nutzenpotenzial beeinflussen die betriebliche
und die persönliche Nutzenerwartung ebenso wie der in der Vermarktung verspro-
chene Nutzwert (value proposition) der für die jeweilige Phase kennzeichnenden
Schlüsseltechnologien. Bei diesen handelt es sich oftmals um Produkte des technologischen Fortschritts mit disruptivem Innovationscharakter, etwa das Smart-
phone. Die zeitliche Einordnung der Phasen (s. Abb. 2.3) erfolgt näherungsweise
anhand des Jahres, ab dem sich in der Praxis für die genannten Schlüsseltech-
nologie, Konzepte etc. ein gesteigertes Interesse und die beginnende Verbreitung
beobachten ließen. Diese setzen zumeist erst mit einem gewissen Abstand zur
ursprünglichen Entstehung ein (s. Adoptionskurve in Abb. 2.2).

Weiterhin kennzeichnend für die Entwicklungsphasen sind der primäre Fokus
des ITM und der Wertmaßstab für die Beurteilung der IT hinsichtlich ihres
Anteils am Unternehmenserfolg. Der Fokus des ITM verlagert sich von Phase zu
Phase auf einen jeweils neuen Ansatzpunkt zur Ausschöpfung der IT-Potenziale
für die betriebliche Wertschöpfung. Mit dem zugehörigen Wertmaßstab wird der
Erfolg dieses neuen Ansatzes aus Unternehmenssicht gemessen. Anhand dieses
Schemas lassen sich aus heutiger Perspektive sieben Phasen abgrenzen, wobei
das ITM gerade im Begriff ist, in die Phase des Software-defined Business einzu-
treten (s. Abb. 2.3):

	Elektronische Datenverarbeitung	IT-Insel-Management	Integriertes Informations-management	IT-Service-Management	Industrialisierung der IT	Konsumerisierung der IT	Software-defined Business
Zeit	1960	1980	1990	2000	2005	2010	2015
Zweckbestimmung	IT als Rechen-werkzeug	IT als lokale Problemlösung	IT als Teil der Unternehmens-strategie	IT als Dienst-leister	IT als Fabrik	IT als Konsu-mentengut	IT wird zum Business
Fokus	Rechenauftrag, Transaktion	Entscheidungs-relevante Daten, IT-System	Information, IT-Strategie, IT-Projekte	IT-Service, IT-Prozess	IT-Produkt	Mensch-Computer-Schnittstelle	Product-Service-System, Smart Services
Wertmaßstab	Rechenzeit, Speicherkapazität	Deckung des lokalen Daten-bedarfs	Informations-bedarf, Wett-bewerbsposition	Wertbeitrag, ROI, Utility/Warranty	Standardisierte Qualität, Echtzeit, Verfügbarkeit, Sicherheit	Ubiquitärer Informations-zugang	Innovations-gewinnung aus Informationsfülle
Konzepte/ Methoden/ Frameworks	Höhere Pro-gra mmiersprachen, Dateiverwaltung	ERM, relationales Datenmodell, SQL, strukturierte Analyse & Design	BPM/ARIS, IT-Business-Alignment, oo Konzepte	eTOM, ITIL, ISO20000	Kanban, Lean IT, PRINCE2, Six Sigma, TQM	BYOD, Customer Self Services, agile Methoden	Continous Delivery, DevOps, hybride Methoden
Schlüssel-technologien	Mainframe, Terminals	Personal Com-puter, lokale Applikationen, DBMS	LAN, SAN, Client/Server-Applikationen, Internet, Email	Hardware-Virtu-alisierung, Web-Applikationen, In-tranet, Groupware	Breitband-Internet, Cloud, I/P/SaaS	WLAN, Smart-phone, Tablet, Social Media, Streaming	Big Data, NoSQL DB, In-memory, IoT, SDx, Blockchain, KI

Legende: BYOD: Bring your own Device, DBMS: Datenbank Management-System, ERM: Entity Relationship Modell, eTOM: enhanced Telecom Operations Map, I/P/SaaS: Infrastructure/Platform/Software-as-a-Service, IoT: Internet of Things, KI: Künstliche Intelligenz, oo: objektorientiert, SDx: Software-defined technologies, TQM: Total Quality Management

Abb. 2.3   Entwicklungsphasen des IT-Managements

- **Elektronische Datenverarbeitung (EDV):** Die Entwicklung der integrierten Schaltkreistechnik, ein wachsendes Angebot an Computerfamilien (z. B. IBM/360) und die Steuerung durch Betriebssysteme sind wesentliche Faktoren für die Verbreitung der EDV in Unternehmen ab Anfang der 1960er Jahre. Prägend waren zentrale Großrechner (Mainframes), die einzelne betriebliche Funktionen unterstützt haben. Häufig bildeten das Rechnungswesen bzw. rechenintensive Planungsprobleme die ersten Einsatzgebiete. Die Bedienung erfolgte anfangs über Lochkarten und später über sog. Terminals, die als reine Ein-/Ausgabegeräte keine eigenen Rechen- oder Speicherfähigkeiten besaßen.
- **IT-Insel-Management:** Mit der Diffusion des Personal Computers setzte zu Beginn der 1980er Jahre eine Dezentralisierung der IT-Nutzung ein. Nun war es möglich, einzelnen Mitarbeitern individuelle und exklusive Computerunterstützung direkt am Schreibtisch zur Verfügung zu stellen. Daten ließen sich zwar lokal speichern, allerdings war der Datenaustausch zwischen Nutzern bis zur Verbreitung von unternehmensinternen und überbetrieblichen Übertragungsnetzen nur umständlich über mobile Datenträger (Magnetbänder, Disketten) möglich.
- **Integriertes Informationsmanagement (IIM):** Lokale Computernetzwerke, Client/Server-Architekturen und prozessorientierte Anwendungssysteme zählen zu den Voraussetzungen eines integrierten Informationsmanagements, das ab den 1990er Jahren einen zunehmend wichtigen Bestandteil der Unternehmensstrategie bildete. Mit der Verbreitung des Internets überwand die betriebliche IT-Nutzung die Grenzen des einzelnen Unternehmens und ermöglichte die partnerschaftliche Wertschöpfung in Logistikketten bzw. Unternehmensnetzen (s. Abschn. 2.1).
- **IT-Service-Management (ITSM):** Seit Mitte bis Ende der 1990er Jahre haben viele IT-Abteilungen einen Wandel vom technikzentrierten Betreiber der IT-Infrastruktur hin zum serviceorientierten IT-Dienstleister erfahren. Aus der Rückschau lassen sich die aufeinander folgenden Versionen der Best Practice-Sammlung für IT-Service-Management ITIL[4] als symbolische Meilensteine für diese Entwicklung verstehen. Im Zuge von ITIL-Einführungen haben Unternehmen die Prozesse und Organisationsstrukturen ihrer IT-Abteilungen neu gestaltet, etwa durch Einführung von Zuständigkeiten entlang des Service-Lebenszyklus oder von übergreifenden Service Desks.

---

[4]IT Infrastructure Library (ITIL), Version 1: 1989, Version 2: 1999, Version 3: 2007, Version 2011 Edition: 2011.

- **Industrialisierung der IT:** In jüngerer Zeit hat sich der Fokus stärker auf die Adaption von Managementkonzepten der industriellen Serienproduktion gerichtet, um im Zuge einer Industrialisierung der IT durch Standardisierung, kontinuierliche Verbesserung und Realisierung von Skaleneffekten die Produktion von IT-Dienstleistungen in einer sog. IT-Fabrik zu realisieren (Abolhassan 2013) und damit letztendlich den Wertbeitrag der IT weiter zu steigern.
- **Konsumerisierung der IT:** Spätestens mit der Verbreitung von Smartphones und Tablets hat sich auch im betrieblichen IT-Einsatz die persönliche Nutzenerwartung der Mitarbeiter dahin gehend gewandelt, dass sie die Nutzenerfahrung im Privatbereich zum Maßstab ihrer IT-Zufriedenheit im Unternehmen machten. Der Zielkonflikt zwischen effizienten und zuverlässigem IT-Betrieb einerseits und flexiblen, kundenorientierten IT-Services erreichte damit eine neue Dimension. Abhilfe durch neuartige Konzepte wie „Bring Your Own Device" (BYOD) schien zunächst mit einer standardisierten Unternehmens-IT kaum vereinbar.
- **Software-defined Business (SdB):** Die zentrale Bedeutung der Software für innovative Produkte, Dienstleistungen und Geschäftsmodelle ist eng mit dem Zusammenwirken der Digitalisierungs-Treiber (s. Abschn. 2.1) verbunden. Es wäre daher naheliegend diese Entwicklungsphase mit Digitalisierung, digitale Transformation oder ähnlichen Begriffen zu benennen. Nach der Konzentration auf den Wertbeitrag der IT in den vorangegangenen Phasen tritt nun jedoch der Innovationsbeitrag stärker in den Vordergrund, der in einer zunehmend engen Beziehung zu Software steht. Die sich daraus ergebende Anforderung nach Verbesserung der eigenen Innovationsfähigkeit und des Innovationsbeitrags der IT, bedeutet eine neue Anforderung an das ITM (Urbach und Ahlemann 2016). Kompetenzen und neuartige Ansätze der Software-Entwicklung und des Software-Managements sind dafür zentrale Elemente. Das folgende Kapitel zeigt, wie durch die Einführung eines agilen End-to-End-Prozesses auf der Basis von DevOps die Wandlung zu einem innovationsorientierten ITM in der SdB-Phase vorstellbar ist.

Innovationsorientiertes IT-Management mit DevOps

3

In den vergangenen Jahren haben agile Ansätze das Vorgehen in der Softwareentwicklung stark geprägt. Eine wesentliche Motivation von Methoden wie Extreme Programming (XP) oder Scrum bestand darin, einerseits langen Entwicklungszeiten durch eine iterative und inkrementelle Vorgehensweise entgegenzuwirken und andererseits die Flexibilität für schnelle Anpassungen ohne Erhöhung des Fehlerrisikos zu erhöhen (z. B. Takeuchi und Nonaka 1986; Highsmith 2004). Allerdings konzentrierten sich die Ansätze aufgrund ihres Ursprungs zunächst auf die Bereiche der Produkt- und Softwareentwicklung. Mit dem jüngeren DevOps-Ansatz haben innovative Unternehmen wie Amazon, Flickr oder Netflix einen Weg gefunden, agile Prinzipien auch im Betrieb einzusetzen und damit auf den gesamten Produkt- bzw. Service- Lebenszyklus auszuweiten. Die Inhalte von DevOps und der Beitrag zur Innovationsfähigkeit der IT sind Gegenstand des folgenden Kapitels.

3.1   IT-Management unter Innovationsdruck

Mit der Verbreitung von ITIL haben viele IT-Organisationen in den letzten Jahren ihre Leistungen nach dem ITIL-Service-Lebenszyklus strukturiert. Damit einhergehend haben sie beispielsweise ihre Ablauforganisation an den ITIL-Prozessen ausgerichtet und in der Aufbauorganisation die zugehörigen ITIL-Funktionen wie „Service Desk", „Application Management" und „IT Operations Management" aufgebaut. Für die damit angestrebte Transformation hin zum IT-Dienstleister mit ausgeprägter Serviceorientierung waren häufig große Anstrengungen erforderlich, denen jedoch letztlich auch messbare Verbesserungen bei Kundenzufriedenheit, Servicequalität und Effizienz gegenüberstanden. Wenn die neuen Anforderungen der Digitalisierung den dadurch erreichten Fortschritt wieder infrage stellen und Vorschläge für neue ITM-Organisationsmodelle (z. B. bimodale IT) zu beobachten

© Springer Fachmedien Wiesbaden GmbH 2017
R. Alt et al., *Innovationsorientiertes IT-Management mit DevOps*,
essentials, DOI 10.1007/978-3-658-18704-0_3

sind, so reflektiert dies auch die Grenzen des zugrunde liegenden Service-Verständnisses bei ITIL und ISO 20000.

Nach ITIL bedingt der geschäftliche Wertbeitrag eines Services die Kombination der Kriterien Zweckmäßigkeit („Utility") und Einsatzfähigkeit („Warranty"). Zweckmäßigkeit entsteht dabei durch die Realisierung einer geforderten Funktion oder die Beseitigung einer Einschränkung. Einsatzfähigkeit ist ein Qualitätsmerkmal, das sich auf ausreichende Verfügbarkeit, Kapazität, Kontinuität und Sicherheit bezieht. Beide Basismerkmale müssen erfüllt sein, damit ein Wertbeitrag für den Serviceempfänger entsteht. Dieses Grundverständnis des Werts von IT-Services hat sich bewährt, um reaktiv Anforderungen von Kunden bzw. Anwender zu erfüllen (Koch et al. 2016). An der Forderung nach innovativen IT-Services geht das vorherrschende Verständnis der Werthaltigkeit von Services bei ITIL jedoch vorbei. Notwendig ist daher eine Erweiterung des bisherigen Verständnisses um das Kriterium „Innovationsbeitrag". Im Sinne einer umfassenden Innovationskultur trägt somit jeder Service im Portfolio zur Innovationsgenerierung bei und muss sich diesbezüglich messen lassen.

Dabei ersetzt die Innovationsorientierung das klassische ITSM nach ITIL nicht, sodass Zweckmäßigkeit und Einsatzfähigkeit auch für die Digitalisierung wichtige Kriterien bleiben. Ebenso lassen sich IT-Services als Teileelemente von IT-Produkten bzw. digitalen Produkten (s. Abschn. 2.1) interpretieren (Zarnekow und Brenner 2004). Neben den Prozessen und Empfehlungen von ITIL sind aber neue Wege gefragt, um die IT-Organisation zu einem aktiven Innovationsbeitrag zu befähigen und die Prozesse effektiv und effizient gleichermaßen auszurichten. Neben Ansätzen zur Unterstützung kreativer Ideenentwicklungs- und -umsetzungsprozesse wie etwa Design Thinking oder der TRIZ-Methode zählt dazu im Bereich der Softwareentwicklung auch DevOps (Fitzgerald und Stol 2015).[1] Für das ITM gewinnt DevOps eine besondere Relevanz, da es dem zunehmenden Stellenwert von softwarebasierten Produkten und Services – und damit dem Software-defined Business – Rechnung trägt.

---

[1]Während Design Thinking eine jüngere Methode zur agilen Entwicklung primär IT-basierter Geschäftsinnovationen (Uebernickel et al. 2015) bezeichnet, geht TRIZ als Theorie des erfinderischen Problemlösens in die 1950er Jahre zurück und umfasst Prinzipien zur Entwicklung technologischer Innovationen.

3.2   Was ist DevOps?

Bei der Bezeichnung DevOps handelt es sich um ein Kunstwort, das durch Ver-
kürzung und Zusammensetzung der beiden englischen Wörter „Development"
(Entwicklung) und „Operations" (Betrieb) entstanden ist. Damit sind die jeweiligen Organisationseinheiten im IT-Bereich gemeint, die in einer traditionell-funk-
tionalen Organisation klassischerweise getrennt sind und mit unterschiedlichen
Zielsetzungen arbeiten (Hüttermann 2012; Wolff 2015). Erste Ideen für DevOps
waren 2008 noch unter der Bezeichnung „Agile System Administration" anzutreffen, die Abkürzung selbst entstand 2009 für eine Konferenz namens DevOpsDays
in Gent/Belgien. Die ursprüngliche Bezeichnung verdeutlicht, dass es sich nicht
um einen vollständig neuen Ansatz handelt, sondern vielmehr um eine Adaption
und Weiterentwicklung bekannter Konzepte. Starke Einflüsse stammen beispielsweise aus der agilen Softwareentwicklung und dem „Lean Thinking" (Sharma
2014). In Folge der Konferenz hat sich für weiterführende Diskussionen auf Twit-
ter das Hashtag #devops etabliert, welches maßgeblich zur schnellen Verbreitung
des Begriffs beigetragen hat.

Die Softwareentwicklung arbeitet meist in Projektform und häufig unter
hohem Zeitdruck an der Umsetzung von Kundenanforderungen. Benutzerak-
zeptanz und Kundenzufriedenheit resultieren in der Entwicklungsphase neuer
IT-Produkte und/oder -Services vor allem aus der schnellen, flexiblen und nutz-
erzentrierten Realisierung funktionaler Anforderungen (Disterer 2011). Insbesondere bei Produkten und Services im Kontext der Digitalisierung (z. B. Web
oder Mobile Applications) hat sich das herkömmliche Verständnis von Benut-
zerfreundlichkeit („Usability") durch die Fokussierung auf das Kundenerlebnis
(„User Experience") erweitert. Damit sollen IT-Produkte neben ihrer sachlichen
Unterstützungsfunktion den Anwender auch auf einer emotionalen Ebene posi-
tiv ansprechen, um so etwa die Nutzungsdauer zu verlängern oder die Nutzungs-
häufigkeit zu erhöhen (Sward 2007). Allerdings verlieren IT-Produkte schnell
an Akzeptanz, wenn sie erfolgreiche Innovationen im Markt nicht (rechtzeitig)
adaptieren. Bekannte Beispiele hierfür sind etwa Anbieter von Desktop-Anwen-
dungen mit zeichenorientierten Benutzeroberflächen, die trotz der Verbreitung
von „Graphical User Interfaces" ab MS Windows 3.1 (1992) an ihren Lösungen
festgehalten haben oder in jüngerer Zeit die endgeräteunabhängige Nutzbarkeit
von Anwendungen. Neben den Anforderungen der Endbenutzer ist für Unternehmen im Zeitalter der Digitalisierung die Nutzung innovativer Technologien
für die Wettbewerbsfähigkeit unabdingbar. Um beständig wachsende Datenmen-
gen schneller und flexibler verarbeiten zu können („Data as new oil"), müssen
Unternehmen heute innovative Technologien wie etwa NoSQL-Datenbanken,
In-Memory Computing oder Data Mining beherrschen.

Dagegen strebt der Betrieb vor allem ein hohes Maß an Stabilität, Verfügbarkeit sowie Sicherheit an und setzt dazu auf ausgereifte, bewährte Technologien sowie stabile Prozesse (Wolff 2015). Aus dieser Grundhaltung entstand das ungeschriebene Administratoren-Gesetz „Never touch a running system". Obwohl die Befolgung dieses „Gesetzes" langfristig jedes System für den Anwender unbrauchbar macht, weil es entweder veränderten Anforderungen nicht mehr genügt oder aufgrund nicht geschlossener Sicherheitslücken schlichtweg Opfer einer Hackerattacke wurde, charakterisiert es bis heute eine typische Reaktion von Betriebsverantwortlichen auf die Ankündigung anstehender Updates oder Erweiterungen. Ein weiteres verbreitetes Defizit betrifft die Qualität der Zusammenarbeit zwischen Entwicklungs- und Betriebseinheiten. So endet für die Entwicklung die Verantwortung für ihr Arbeitsergebnis üblicherweise[2] mit dem Akzeptanztest und der Freigabe der Software („Release") für die Übernahme in die Produktivumgebung. Die anschließende Installation und Konfiguration in der Produktivumgebung („Deployment") fällt in den Aufgabenbereich des Betriebs. Berücksichtigt hier die Entwicklung die Erfordernisse des Betriebs für eine reibungslose Inbetriebnahme nicht hinreichend, entstehen daraus Probleme, die das Deployment verzögern oder fehlschlagen lassen und dadurch unmittelbar zu einer negativen „User Experience" führen. Häufige Problemursachen sind etwa (Disterer 2011):

- verspätete Bereitstellung des Releases durch die Entwicklung;
- Fehler im Release, die Fehler im Deployment verursachen oder
- fehlende oder fehlerhafte Dokumentation etwa bzgl. der notwendigen Installationsschritte oder Betriebsumgebung.

Vor dem Hintergrund derartiger Probleme ist **DevOps** entstanden. Es umfasst eine Sammlung von Techniken, Prozessen und Tools, die darauf abzielt, typischen Problemen in der Zusammenarbeit von Entwicklungs- und Betriebseinheiten entgegen zu wirken und in der Konsequenz das Kundenerlebnis bzw. die Kundenzufriedenheit zu verbessern. Zentrale Bedeutung hierfür besitzen ein Wandel in der Zusammenarbeitskultur sowie eine möglichst weitgehende Automatisierung von Routineaufgaben. In den nach den DevOps-Praktiken durchgeführten Projekten waren signifikante Produktivitätssteigerungen zu beobachten. So weist der „State of DevOps Report 2016" für die untersuchten Unternehmen eindrückliche Verbesserungen für folgende Kennzahlen der Softwareentwicklung aus:

---

[2]Vgl. z. B. Process Release & Deployment Management in ITIL oder ISO/IEC 16350:2015 Application Management.

Tab. 3.1 Kennzahlen der Softwareentwicklung. (DevOps State of the Art Report 2016)

Kennzahl	Niedrig	Mittel	Hoch
Deployment-Frequenz	Einmal alle ein bis sechs Monate	Wöchentlich bis monatlich	Nach Bedarf bis zu mehrmals am Tag
Durchlaufzeit von Deployments	Ein bis sechs Monate	Eine Woche bis einen Monat	Weniger als eine Stunde
Wiederanlaufzeit nach Fehlern	Weniger als ein Tag	Weniger als ein Tag	Weniger als eine Stunde
Fehlerrate von Deployments	16–30 %	31–45 %	0–15 %

- Steigerung der Deployment-Frequenz um den Faktor 200,
- Reduzierung der Fehlerrate bei Software-Änderungen um den Faktor 3,
- Reduzierung der Wiederherstellzeit bei Fehlern um den Faktor 24,
- Reduzierung der Durchlaufzeit bei der Produktivsetzung von Releases um den Faktor 2,6 sowie
- Reduzierung der Arbeitszeit für ungeplante Arbeit und Nacharbeit (Fehlerbeseitigung) um 22 %.

Danach erreichten die agilsten Unternehmen weltweit im Jahr 2016 Deployment-Frequenzen von fast 1500 pro Jahr bei Durchlaufzeiten von der Fertigstellung des Codes bis zum Wirkbetrieb von weniger als einer Stunde sowie bei Fehlerraten von weniger als 15 % (s. Tab. 3.1). Insbesondere bei der Deployment-Frequenz, den Änderungs- und Wiederherstellzeiten hat sich die Führungsgruppe („High Performers") der betrachteten Unternehmen in den vergangenen Jahren deutlich verbessert (s. Abb. 3.1).

3.3 DevOps-Prinzipien

Obwohl innovationsstarke Unternehmen bereits Leistungssteigerungen durch DevOps erzielt haben, existieren bislang weder standardisierte Vorgehensbeschreibungen noch ein allgemein akzeptiertes Framework für DevOps. Die Einführung erfolgt höchst individuell, wobei die Unternehmen i. d. R. die allgemeinen Grundprinzipien an ihre spezifische Situation anpassen und weiterentwickeln. Allerdings hat Axelos als seit 2013 tragendes Unternehmen von ITIL, PRINCE2 und anderen Best Practice-Sammlungen, im November 2016 ein „DevOps Awareness Training" angekündigt, das den DevOps-Ansatz auf Basis

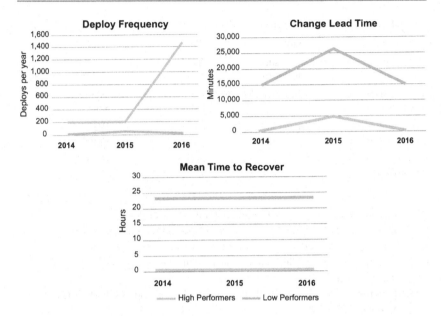

Abb. 3.1 Verbesserungen von Kennzahlen der Softwareentwicklung durch DevOps. (DevOps State of the Art Report 2016)

des Buchs „The DevOps Handbook" (Kim et al. 2016) vermitteln soll. Auch andere Schulungsanbieter haben den Trend erkannt, sodass zunehmend Weiterbildungsangebote entstehen. Für die mittlerweile als anerkannt geltenden DevOps-Grundprinzipien (Willis 2010) hat sich insbesondere in Internet-Diskussionen zu DevOps das Akronym CAMS etabliert. Es steht für (Humble und Molesky 2011):

- **Culture:** DevOps erfordert einen Kulturwandel hin zu einer gemeinsamen Verantwortung aller Beteiligten für die Auslieferung von Qualitätssoftware. Das bedeutet insbesondere das Ende einer Praxis, bei welcher die Entwicklung die jüngsten Releases dem Betrieb „über die Mauer wirft".
- **Automation:** Die Automatisierung der Prozesskette von Entwicklung über Test und Bereitstellung bis hin zur Produktivnahme ist der Schlüssel für die Reduzierung von Durchlaufzeiten, die Vermeidung von Fehlern und für ein schnelleres Feedback zum Release an die Entwickler.
- **Measurement:** Produktivitätssteigerungen setzen die faktenbasierte Einstufung der derzeitigen Leistung sowie die Definition überprüfbarer Verbesserungsziele voraus. Durch miteinander verknüpfte Kennzahlen ist zudem der Beitrag zur geschäftlichen Wertschöpfung darstellbar.

- **Sharing:** Das Prinzip des Teilens prägt die Zusammenarbeit zwischen den Beteiligten und beinhaltet etwa das für die Zusammenarbeit notwendige Wissen, die dafür eingesetzten Tools und Infrastrukturen sowie die gemeinsame Würdigung von Erfolgen, etwa einem erfolgreich ausgelieferten Release.

DevOps sieht vor, dass die Umsetzung dieser Prinzipien sowohl organisatorische Veränderungen als auch die Weiterentwicklung und Integration der Software-Infrastruktur für Entwicklung und Betrieb erfordert. Etwas später hat sich mit dem fünften Prinzip *Lean* das Akronym zu CALMS erweitert (Sato 2014). Der unscheinbare zusätzliche Buchstabe „L" beinhaltet die gesamte Gedankenwelt des „Lean Thinking" (Womack und Jones 2003), das vor allem in der industriellen Produktion bekannt ist und eine konsequente Ausrichtung an Qualität und Effizienz auf Grundlage der Kaizen-Philosophie[3] bezeichnet.

3.4 Continuous Delivery mit Delivery Pipeline

Grundsätzlich verfolgt DevOps den Ansatz einer kontinuierlichen Software-Auslieferung („Continuous Delivery" bzw. CD, s. Humble und Farley 2011), die weitgehend automatisiert mittels der sog. „Delivery Pipeline" stattfindet. Diese Pipeline umfasst im Sinne einer Leitung eine Abfolge spezialisierter, möglichst aufeinander abgestimmter Softwareentwicklungs- und -managementtools und erstreckt sich von der Entwicklungs- bis zur Produktivumgebung sowie – insbesondere bei komplexerer Anwendungssoftware – auch über verschiedene Test- und Integrationsumgebungen. Auf dem Weg vom Entwicklungsteam zum Endanwender durchläuft Software nach dem Erstellen („Build") diverse Tests wie etwa Funktions-, Last- oder Integrationstests, die wiederholt ein Deployment in unterschiedliche Umgebungen erfordern, bevor die getestete Anwendung schlussendlich in die Produktivumgebung ausgeliefert bzw. „deployed" wird. Während bislang häufig nur spezielle Wissensträger im Team die notwendigen Schritte unter beträchtlichem Zeitaufwand und hoher Fehleranfälligkeit manuell durchgeführt haben, strebt DevOps eine möglichst vollständige Automatisierung der gesamten Pipeline an.

Der Weg zur kontinuierlichen Auslieferung („Continuous Delivery") führt über weitere Konzepte mit dem Wort „Continuous" im Namen. Kontinuierlich bezieht sich dabei auf eine Übertragung des Systems einer bedarfsgesteuerten Fließfertigung aus der industriellen Produktionssteuerung (Slack et al. 1995) auf

---

[3]Im Japanischen steht Kai für Veränderung bzw. Wandel und Zen für „zum Besseren".

die Softwareentwicklung, die damit mehr zu einer fabrikmäßigen Softwarepro-
duktion wird. Ziel dieses Systems ist ein möglichst störungsfreier Materialfluss,
bei dem jede Arbeitsstation ihr Produkt erst dann bzw. „just-in-time" an die nachfolgende Station weitergibt, wenn es diese anfordert („Pull"). Die Forderung
nach einer hohen Auslastung der einzelnen Stationen ist dabei einer bedarfsori-
entierten Arbeitsweise der gesamten Produktionslinie untergeordnet. Ziel der
Flussorientierung ist es, Materialstaus an Engpass-Stationen zu vermeiden, Mate-
rialpuffer zwischen Stationen zu eliminieren, Fehlerrisiken zu reduzieren und
die Gesamteffizienz zu steigern. Sowohl in der Industrieproduktion als auch in
der Softwareentwicklung gelten Standardisierung und Automation als wichtige
Instrumente für einen kontinuierlichen Produktionsfluss, wobei sich für Letzteren
aus einer wertorientierten Sicht auch die Bezeichnung „Wertstrom" bzw. „Value
stream" findet. Das Zusammenspiel der nachfolgend beschriebenen Continuous-
Konzepte im Rahmen von DevOps zeigt Abb. 3.2 als Kreislauf zwischen Kunde,
Entwicklung und Betrieb (KEB).

Als Ursprung der mittlerweile stark gewachsenen Familie von Continuous-
Konzepten in der Softwareentwicklung lässt sich **Continuous Integration** (CI)
ausmachen. Erstmals in Erscheinung trat dieser Begriff 1991 in der Methode für
objektorientierte Analyse und Design (Booch 1994) und erlangte weitere Verbreitung

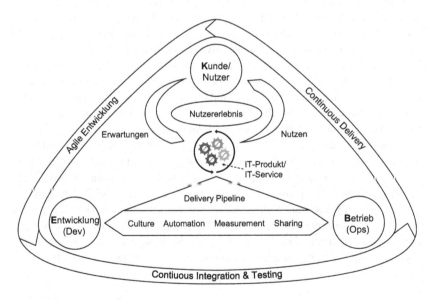

Abb. 3.2 DevOps im Überblick

durch die Übernahme in den XP-Ansatz, der CI als eines von 12 Prinzipien in XP verankerte. Die Softwareentwicklung gemäß CI führt am Quellcode vorgenommene Änderungen bzw. Entwicklungsfortschritte von einzelnen Entwicklern eines Teams möglichst schnell zusammen und testet diese, um die Software in einen funktionsfähigen Zustand zu versetzen und Fehler frühzeitig zu identifizieren sowie zu beheben. Sogenannte „Nightly builds" galten zeitweilig als Kennzeichen eines besonders agilen Entwicklungsprozesses. Mit DevOps hat sich diese Geschwindigkeit bei innovativen Unternehmen wie Amazon oder Netflix auf bis zu mehrere tausend Deployments pro Tag gesteigert (Brown et al. 2016).

Continuous Testing (CT) ist zwar prinzipiell bereits in CI enthalten (Fowler 2000), jedoch „befreit" der eigenständige Begriff das Testen aus seinem Schattendasein als Anhängsel der Programmierung und unterstreicht damit die zentrale Bedeutung für die Softwarequalität. Dies reflektiert gleichzeitig die enge Verwandtschaft mit dem Konzept des agilen Testens („Agile Testing", AT), das eine enge Integration von Programmier- und Testaktivitäten vorschlägt und nach frühzeitiger Fehlererkennung sowie schneller und nachhaltiger Fehlerbeseitigung strebt. CT erweitert die nutzerorientierte Perspektive von AT durch eine risikoorientierte Verknüpfung mit Geschäftszielen sowie die Betonung einer toolgetriebenen Testautomatisierung im Sinne des entsprechenden DevOps-Prinzips (Sharma 2014). Die beiden Begriffe CT und AT finden sich allerdings nicht einheitlich voneinander abgegrenzt, sondern auch in synonymer oder kombinierter („Continuous Agile Testing") Verwendung (Moe et al. 2015; Cruzes et al. 2016).

Continuous Deployment erweitert den Fokus von CI, indem nun im Anschluss an die Integration einer Änderung auch unmittelbar das Deployment, d. h. die Überführung in die Produktivumgebung, erfolgt (Quibeldey-Cirkel und Thelen 2012). Unmittelbar bedeutet hier voll automatisiert mithilfe der Delivery Pipeline (Humble und Farley 2011). Mit dem Begriffsbestandteil Deployment stellt dieses Continuous-Konzept die Inbetriebnahme von Software in der Produktivumgebung in den Vordergrund. Insbesondere sollen sich Installation und Konfiguration durch Automatisierung, schnelles Feedback und engere Zusammenarbeit zwischen Entwicklung und Betrieb verbessern.

Continuous Delivery (CD) und Continuous Deployment sind wiederum nicht einfach voneinander zu unterscheiden, da zum einen allgemein akzeptierte Definitionen fehlen und zum anderen eine beträchtliche inhaltliche Überschneidung der beiden Konzepte existiert. Hinzu kommt, dass die Entwicklung dieser Konzepte nicht abgeschlossen ist, sondern mit dem technologischen Fortschritt ständig weiterverläuft. Nachfolgend gilt CD als umfassenderes Konzept, welches die hochfrequente Auslieferung von qualitätsgesicherter Software über eine voll automatisierte Delivery Pipeline beinhaltet. Während aber Continuous Deployment ursprünglich auch ein vollautomatisches Deployment in die Produktion vorsieht, stellt CD vor diesen letzten Schritt eine bewusste Entscheidung, die von den fachlichen Erfordernissen des Kunden abhängt (Humble und Farley 2011). Mit anderen Worten verfolgt Continuous Deployment als primäres Ziel eine möglichst hohe Frequenz von Deployments, während CD zusätzlich Aufgaben des Qualitäts-, Risiko- und (organisatorischen) Change Managements integriert. Das ITM und insbesondere das ITSM verstehen Delivery üblicherweise als Auslieferung an den Kunden (Kurbel 2016), sodass sich auch aus dieser Perspektive eine Nähe zu CD ergibt. Diese Argumentation lässt sich auch auf die Bezeichnung der Pipeline anwenden, weshalb sowohl die Bezeichnungen „Deployment Pipeline" als auch „Delivery Pipeline" gebräuchlich sind. Zur Betonung der Kundenperspektive bietet sich auch hier der Begriff der Delivery Pipeline an.

Unabhängig von der Namensvariante ist für das Verständnis des Pipeline-Konstrukts die Einführung des **„Infrastructure as Code"** (IaC) Konzeptes erforderlich. IaC-Ansätze sind im Zuge des Cloud Computings entstanden und bilden dort eine Voraussetzung für automatisierte Delivery-Modelle wie etwa „Infrastructure as a Service" (IaaS). IaC verfolgt das Ziel einer regelbasierten Automatisierung der Installation und Konfiguration von virtuellen und physischen Infrastrukturkomponenten wie etwa Server durch Softwareskripte (Spinellis 2012). Im Sinne einer programmierbaren Infrastruktur wird diese zunächst in Form von Programmcode abgebildet, um bei der Konfiguration ähnliche Tools und Mechanismen verwenden zu können, wie beim Deployment von Software. Durch Automatisierung lassen sich Konfigurationsprozesse beschleunigen, sie gewinnen an Flexibilität, das Fehlerrisiko sinkt im Vergleich zum manuellen Konfigurieren und schließlich dient der Code auch als Dokumentation (Hüttermann 2012; Ramos 2015). Dazu erfordert IaC die frühzeitige Einbeziehung von Systemadministratoren in den Softwareentwicklungsprozess sowie ein tieferes Verständnis der Entwickler für die Basis-Infrastruktur. Es leistet somit einen Beitrag zur engeren Zusammenarbeit von Dev und Ops. Aus Betriebsperspektive besteht eine direkte Verwandtschaft zu den Ausprägungen von „Software-defined"-Konzepten, wie etwa Storage, Network oder Datacenter. Für die Realisierung von IaC sind mittlerweile leistungsfähige System Configuration Management Toolsets wie Puppet oder Chef verfügbar. Ferner unterstützen Cloudanbieter wie Amazon (AWS) oder Microsoft (Azure) IaC mit ihren APIs.

3.5   DevOps und Innovation

Das Potenzial von DevOps zur Steigerung der Innovationsfähigkeit eines IT-Dienst-
leisters ergibt sich einerseits aus der Verbindung der Continuous-Konzepte im
Rahmen der DevOps-Prinzipien und andererseits aus der Verbindung dieser Produk-
tivitätsverbesserungen mit einer auf Innovation fokussierten IT-Strategie. Diese Stra-
tegie illustrieren das Innovationsmodell des „Continuous Innovation" (Ries 2011)
oder (teilweise) das Design Thinking, wonach innovative Lösungen mit der Visua-
lisierung in Form schnell entwickelter und anschließend weiterentwickelter Prototypen entstehen. Dabei kommt neben der Entwicklung und dem Betrieb vor allem der
konsequente Einbezug des Kunden hinzu, woraus das KEB-Dreieck (s. Abb. 3.2)
resultiert. Idealerweise fällt der Nutzen des schnell entwickelten Prototypen bereits
so hoch aus, dass dieser den (potenziellen) Kunden von der Weiterentwicklung über-
zeugt. Dieses sog. „Minimum Viable Product" wird nun kontinuierlich in kleinsten
Schritten modifiziert oder weiterentwickelt, wobei jeder Entwicklungsfortschritt
unmittelbar an den (internen oder externen) Kunden ausgeliefert wird. Die Auslieferung erfolgt über einen streng kontrollierten und hoch automatisierten Prozess, der
die Qualität sichert und dabei direktes Feedback an die Entwickler gibt.

Erfahrungen von Firmen wie Etsy oder Netflix deuten darauf hin, dass sich bei
einem derartigen Vorgehen Fehler einfacher finden und beseitigen lassen, als bei
der Auslieferung von umfangreichen Releases in großen Zeitabständen (Denning
2015). Zudem erlaubt der hohe Grad an Kontrolle über solche Mikroproduktanpas-
sungen eine Ausfallsicherheit des Gesamtsystems, wodurch auch ohne expliziten
Kundenanstoß Änderungen gewissermaßen experimentell möglich sind, um etwa
vielversprechende Ideen direkt mit dem Kunden zu testen. Die Kontrollfähigkeit
umfasst dabei auch die Möglichkeit, Änderungen „auf Knopfdruck" rückgängig
zu machen, falls sie sich beim Kunden nicht bewähren. Für Continuous Innovation
im Sinne einer nachhaltig positiven User Experience ist jedoch ein agiler Entwick-
lungsprozess noch nicht ausreichend, solange er nicht auch die Konsequenzen von
Produktänderungen in der Nutzungsphase steuert und kontrolliert. DevOps, CD und
die übrigen dargestellten Konzepte sind damit Voraussetzungen, um Continuous
Innovation in einem softwarebasierten Produktkontext realisieren zu können.

Den Beitrag von DevOps zur Steigerung der Innovationsfähigkeit eines IT-
Dienstleisters illustrieren aus einer ganzheitlichen Perspektive unter Zuhilfe-
nahme des die aus dem Lean Management bekannten Faktoren (Pfeiffer und
Weiß 1994). Danach lassen sich Unternehmen entlang der Faktoren Input, Out-
put, Organisation, Sachmittel/Technologie und Personal beschreiben, das durch
Beeinflussung der Faktoren optimiert werden kann. Für diese kann DevOps folgenden Beitrag zum Innovationsoutput (Maximalprinzip) leisten:

- Faktor **Sachmittel/Technologie:** die Automatisierung der Delivery Pipeline erfordert den Einsatz innovativer Entwicklungs- und Systemmanagement-Werkzeuge, die teilweise eine innovative Basis-Infrastruktur (z. B. NoSQL-DBMS, virtualisierte Komponenten) voraussetzen. Zwangsläufig bewirkt dies eine intensive Auseinandersetzung mit und verstärkte Nutzung von Innovationen im Bereich der Hard- und Softwaretechnik.

- Faktor **Organisation:** die intensive und feedback-orientierte Zusammenarbeit auf Basis der Prinzipien Culture und Sharing bildet die Voraussetzung für einen experimentellen Entwicklungsansatz, der Innovationen sowohl kunden- als auch technologiegetrieben hervorbringt. Mit der Etablierung einer Ein-Team-Kultur übernehmen Entwicklung und Betrieb gemeinsam die Verantwortung für IT-Produkte und –Services. Es entstehen sog. „Innovation Communities" (Lindermeir 2016), die den Innovationsprozess dezentralisieren und in die Breite bringen.

- Faktor **Personal:** DevOps reduziert die Auslastung der IT-Mitarbeiter mit ungeplanten Tätigkeiten wie Fehlersuche und –beseitigung oder häufig wiederkehrenden Routineaufgaben wie Installation bzw. Konfiguration. Diese freigesetzten Personalkapazitäten können Unternehmen idealerweise für die Innovationsentwicklung einsetzen und damit dem in vielen IT-Organisationen bestehenden Primat des Tagesgeschäfts beim Mitarbeitereinsatz entgegentreten.

Die hierdurch erworbene Innovationsfähigkeit erlaubt es dem ITM in Kombination mit den durch DevOps möglichen Geschwindigkeits- und Qualitätssteigerungen bei der Release-Auslieferung Software-basierte Produktinnovationen aktiv voranzutreiben. DevOps lässt sich somit als „missing link" zwischen agiler Entwicklung einerseits und hochfrequenter Auslieferung im laufenden Betrieb andererseits betrachten. Dadurch entsteht als Ergebnis von KEB ein kundenbezogener Ende-zu-Ende-Prozess mit dem Potenzial, eine hohe Innovationsgeschwindigkeit mit uneingeschränkter Betriebskontinuität („Business Continuity") und positivem Nutzererlebnis auf Kundenseite zu verbinden. Eine solche innovationsorientierte Verwendung des DevOps-Ansatzes illustriert das nachfolgende Fallbeispiel (s. auch Alt et al. 2017).

Fallbeispiel T-Systems MMS

4

Die T-Systems Multimedia Solutions GmbH (kurz T-Systems MMS) ist ein IT-Dienstleister mit Sitz in Dresden und sechs weiteren Standorten in Deutschland. Als 100 %-Tochter der T-Systems International GmbH ist T-Systems MMS ein Teil des Deutsche Telekom-Konzerns und zählt zu den Marktführern bei der Verbindung von Beratungs- und Technikkompetenz in den Bereichen E-Commerce, Websites, Intranet, Social Business, Marketing, Big Data, Mobile Solutions, Retail und Industrie 4.0. Das Unternehmen erwirtschaftet einen Jahresumsatz von 166,8 Mio EUR und beschäftigt mehr als 1800 Mitarbeiter (2016), die insbesondere in den Bereichen Beratung, Softwareentwicklung, Test und Deployment sowie im Service-Management für komplexe Internetanwendungen tätig sind.

Als klassisches IT-Unternehmen ist die T-Systems MMS bereits seit langem mit der Digitalisierung befasst – wenngleich auch nicht immer unter dieser Bezeichnung, sondern unter Begriffen wie etwa „Web-Innovationen" und „digitaler Wandel". Heute prägt die Digitalisierung das gesamte Unternehmen, sowohl intern als auch in der Zusammenarbeit mit den Kunden. Im Mittelpunkt steht dabei die Entwicklung webbasierter Lösungen für Kunden unterschiedlicher Branchen. Dazu verfügt MMS über umfassende Kompetenzen im dynamischen Web- und Applikations-Management sowie über das deutschlandweit einzige zertifizierte Prüflabor der Internet- und Multimediabranche, das eine Grundlage für die Verbindung von Softwarequalität, Barrierefreiheit und IT-Sicherheit liefert. Weiterhin kann T-Systems MMS auf die übrigen Leistungen des Telekom-Konzerns zurückgreifen, etwa im Bereich Hosting und Netze. Während sich im Bereich der Netze die Digitalisierung im technischen Sinne (s. Abschn. 2.1) wiederfindet, prägt die Digitalisierung im organisatorisch-gesellschaftlichen Sinne das Projektgeschäft.

Das vorherrschende Geschäftsmodell der T-Systems MMS sind kundenspezifische Projekte oder Services im Gegensatz zur Herstellung und dem Vertrieb

© Springer Fachmedien Wiesbaden GmbH 2017
R. Alt et al., *Innovationsorientiertes IT-Management mit DevOps*,
essentials, DOI 10.1007/978-3-658-18704-0_4

eigener Produkte, beispielsweise durch Lizenzgewährung. Sowohl Projekte als auch Services orientieren sich an spezifischen Anforderungen einzelner Kunden, in der Regel großer und mittelständischer Unternehmen mit einem hohen Bedarf an Digitalisierung. IT-Projekte sind dabei durch eine begrenzte Laufzeit sowie ein definiertes Ergebnis, das mit einem definierten Budget erreicht wird, gekennzeichnet. Diese typischen Rahmenbedingungen werden vorab mit dem Kunden vertraglich vereinbart und entweder mit Methoden des klassischen Projektmanagements oder zunehmend auch durch agile, kontinuierliche Ansätze wie Scrum realisiert. Ist das Ergebnis eines IT-Projektes ein IT- bzw. ein digitales Produkt, so übernimmt dies nach Projektabschluss typischerweise der Kunde als Eigentümer mit den kaufmännischen Chancen und Risiken im Produktvertrieb. Die eigenen IT-Services der T-Systems MMS bedienen eher standardisierte Kundenanforderungen wie etwa „Cloud Application Management" auf Basis von Laufzeitverträgen. Diese Fokussierung des Geschäftsmodells auf spezifische Anforderungen einzelner Kunden hat auch Auswirkungen auf das Innovationsmanagement: im Gegensatz zu produktorientierten Unternehmen verfolgt Innovation in der T-Systems MMS nicht das Ziel, im aktuellen Produktportfolio am Ende ihres Lebenszyklus befindliche Produkte durch neue, wettbewerbsfähigere zu ersetzen. Vielmehr sorgt Innovation in der T-Systems MMS für neues Wissen und Kompetenzen der MitarbeiterInnen sowie für eine ständig weiterentwickelte IT-Infrastruktur und interne Prozesse, um damit neu entstehende Kundenprobleme besser lösen zu können.

4.1   IT-Management bei T-Systems MMS

Als rechtlich selbstständige Einheit verfügt die T-Systems MMS über eine eigene IT-Infrastruktur mit eigenständigem ITM, die jedoch in die Konzerninfrastruktur der Deutschen Telekom eingebunden sind. Verantwortlich für das ITM ist die Corporate Unit „Business Technology & Excellence" (CU BT&E), die organisatorisch in drei weitere Bereiche gegliedert ist (s. Abb. 4.1). Den in Abschn. 2.3 beschriebenen Wandel von einem reinen internen Dienstleister hin zu einem Innovationstreiber hat die CU BT&E in den vergangenen Jahren bereits vollzogen, wie zwei Beispiele illustrieren:

- Während in den frühen 2000er-Jahren vor allem die elektronische Unterstützung bzw. Digitalisierung der internen kaufmännischen Prozesse im Vordergrund stand, hat eine zentrale Private Cloud-Lösung heute papierbasierte und medienbruchbelastete Prozesse („Drehstuhlinterfaces") umfänglich ersetzt. Ein Beispiel sind Projektabrechnungen, welche die Projektleiter vormals

```
┌─────────────────────────┐
│   Business Technology   │
│      & Excellence       │
└─────────────────────────┘
```

IT Service Delivery	Office Services	Process Improvement & Excellence
• Betrieb, Systemwartung und Weiterentwicklung der Server (physisch & virtuell), Datenbanken, Speicher und Netzwerkinfrastruktur • Ursachenanalysen bei Störungen sowie Behebung, Identifikation und Vermeidung • Unterstützung bei Planung, Design und Umsetzung der internen IT-Systeme im Rahmen von Projektteams • Betrieb zentraler entwicklungsunterstützenden Anwendungen zur Realisierung der Wertschöpfung Richtung Kunde innerhalb der R2S-Prozesskette	• Service Desk, Clients, Empfang, System und Telekommunikationstechnik, Facility Management • Ganzheitliche Umsetzung der modernen und flexiblen Arbeitswelt, insbesondere Raumkonzept, Arbeitsplätze, Gebäude, Technik und Services sowie Flächenbelegungsstrategie und Optimierung der Flächenauslastung • Betrieb und Administration der Basisinfrastruktur sowie Ausstattung der Meeting- und Präsenzräume	• Prozess- und Qualitätsmanagement, insbesondere Managementsysteme, Prozesse, Audits, Assessments und Zertifizierungen • Kunden- und Service-Management • Programm-Management, Projektierung und Verbesserung der internen Prozesse, Services und IT-Anwendungen • Informationssicherheit, Datenschutz und Compliance

Abb. 4.1 Bereiche und Aufgaben der CU BT&E bei T-Systems MMS

manuell in einer Tabellenkalkulation erstellt, anschließend ausgedruckt und dem zentralen Angebots- und Auftragsmanagement (AAM) am Hauptsitz in Dresden als Fax zugestellt haben. AAM hat die Daten aus den Papierdokumenten in das zentrale IT-System zur Buchführung übernommen und daraus wiederum die Rechnungen an die Kunden erstellt. Heute kann eine Projektabrechnung nahezu vollautomatisch bzw. medienbruchfrei aus dem zentralen Projektmanagementsystem und über verschiedene IT-Schnittstellen direkt in die kaufmännischen Systeme übernommen werden.

• Eine weitere Verbesserung der kaufmännischen Prozesse stellte die Einführung der elektronischen Unterschrift dar. So wurden früher alle Verträge, z. B. Angebote, Auftragsannahmen, Absichtserklärungen oder Vertraulichkeitsvereinbarungen ausgedruckt und von den Berechtigten manuell unterschrieben. Mit der zunehmenden Anzahl von Kundenprojekten auf mittlerweile mehrere tausend jährlich (2818 im Jahr 2016) stieg auch der damit verbundene administrative Aufwand und führte – etwa, wenn Unterschriftsberechtigte gerade unterwegs waren – zu Verzögerungen im Prozessablauf. Heute identifizieren sich Unterschriftsberechtigte auch unterwegs durch eine auf einer Chipkarte gespeicherten Signatur in Verbindung mit einem Passwort und unterschreiben damit rechtssicher rein elektronische Dokumente. Ausnahmen bilden nur Dokumente, die ohnehin eine physische Form benötigen, wie etwa Arbeitszeugnisse. Die Lösung kommt auch zur digitalen Signatur und Verschlüsselung von vertraulichen E-Mails und Dokumenten zum Einsatz.

Mit der Digitalisierung der kaufmännischen Prozesse haben sich nicht nur die Geschwindigkeit und die Qualität der MMS-Geschäftsprozesse verbessert, vielmehr bilden sie in Verbindung mit einem übergreifenden Wissensmanagement die Grundlage eines mobilen und ortsunabhängigen Arbeitens. Wie in Abb. 4.2 dargestellt, ist damit ein zentrales Infrastrukturelement für die sog. Kerngeschäftsprozessketten gegeben, aus welchen mit der bereichsübergreifenden Zusammenarbeit („Lead to Cash"), der engen Kooperation mit Kunden („People to Professionals"), dem agilen Veränderungsmanagement („Strategy to Deployment") sowie der Unterstützung entlang des gesamten Entwicklungsprozesses („Requirement to Solution") bereits die Charakteristika eines innovationsorientierten ITM hervorgehen.

Zur Unterstützung der Geschäftsprozesse haben seitens des ITM zahlreiche Zertifizierungen stattgefunden, die von der Informationssicherung über die Softwareentwicklung hin zum IT-Servicemanagement und zum Test- und Prüflabor reichen.

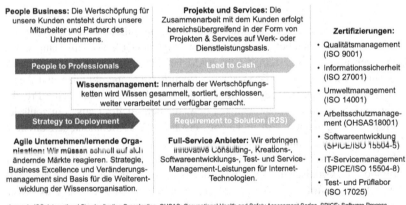

Abb. 4.2 Kerngeschäftsprozessketten bei T-Systems MMS

Dabei kommt ITIL als Zertifizierung für die handelnden Personen sowohl in der internen IT-Infrastruktur-Abteilung als auch im Kundengeschäft mit dem Betrieb von Webapplikationen zum Einsatz. Dies betrifft sowohl die Umsetzung der einzelnen Prozessschritte, beispielsweise das Konfigurations-, Change- und Problem-Management als auch die Unterstützung durch Software-Tools.

4.2 Culture: Motivation und Organisation der DevOps-Einführung

Mit der Einführung von DevOps reagierte die T-Systems MMS vor allem auf geänderte Anforderungen ihrer Kunden nach mehr Mobilität und Agilität[1] neuer Leistungen. Mittels Digitalisierungsprojekten streben die Kunden typischerweise eine verbesserte Automation und Integration ihrer Geschäftsprozesse an, um sich letztlich im Umfeld zunehmender Innovationsgeschwindigkeit im globalen Wettbewerb behaupten zu können. Anknüpfungspunkt bilden dabei vielfach die (fachlich getriebenen) Anwendungspotenziale, die sowohl grundsätzliche als auch graduelle Innovationen umfassen können. So können etwa im Online-Handel die Anbieter nicht nur Wettbewerbsvorteile erzielen, indem sie innovative Shop-Lösungen (z. B. im Social Shopping) aufbauen, sondern auch indem sie Bedienungsprobleme im digitalen Such-, Bestell- und Bezahlprozess ihrer Kunden zeitnah identifizieren und daraus fortlaufend Verbesserungen in den Regelbetrieb übernehmen.

Damit neu entwickelte Funktionalitäten eines IT-Services oder IT-Produktes verzögerungsfrei in die Produktion gelangen und danach ein stabiler Betrieb erfolgt, setzt die T-Systems MMS bereits seit längerem agile Ansätze ein. Allerdings fanden diese in der Vergangenheit unabhängig voneinander in verschiedenen Abschnitten der Wertschöpfungskette Verwendung, beispielsweise in der Softwareentwicklung, im Test und im Betrieb. Mit DevOps entsteht nun eine Sicht auf den Gesamtprozess, um vereinheitlicht entwickelte Eigenschaften eines IT-Services oder IT-Produktes möglichst schnell und effizient bereitstellen zu können. Einen Schwerpunkt bilden dabei die Kunden der T-Systems MMS im Internet-basierten B2C-Geschäft, die ihre Services direkt den Endkunden über das Internet anbieten, etwa in Form mobiler Applikationen oder von Einkaufsportalen und Portalen zur Selbstverwaltung von Daten durch die Endkunden. Dabei sind zunehmend grundlegende sowie evolutionäre Weiterentwicklungen anzutreffen, die entsprechend dem KEB-Denken direkt mit dem Kunden stattfinden. Mit dem frühzeitigen Test neuer Funktionen soll aber auch eine zeitnahe Überführung

---

[1]Agilität im Sinne von Anpassungsfähigkeit, Geschwindigkeit und Kundenzentrierung.

dieser Verbesserungen in kurzen Iterationen in den Live-Betrieb erfolgen. Dabei muss nicht nur der stabile Regelbetrieb der jeweils aktuellen Version gewährleistet sein, sondern es sind darüber hinaus Fehler in den Weiterentwicklungen der Anwendung frühzeitig zu erkennen und zu beseitigen. Nachdem klassische Produktentwicklungs- und Release-Zyklen diese Geschwindigkeit nicht gewährleisten konnten, erleichtern neue Infrastrukturkonzepte wie Cloud, Virtualisierung, Containerisierung und IaC sowie Automatisierungstools für CD and Continuous Deployment die Realisierung von DevOps.

Die DevOps-Einführung bei der T-Systems MMS ist ein langfristig auf mehrere Jahre ausgelegtes Programm (DevOps@MMS), welches die Geschäftsleitung als strategisches Investment beschlossen hat und das maßgeblich die zentrale Abteilung IT Service Delivery mit Unterstützung der operativen Geschäftsbereiche vorantreibt. Der Inhalt des Programms geht dabei über die rein technische Realisierung hinaus und umfasst fünf aus den CAMS-Prinzipien abgeleitete Teilprojekte (s. Tab. 4.1). Das Kernteam besteht aus sechs Mitarbeitern in Vollzeit,

Tab. 4.1 Struktur des DevOps@MMS-Programms

Teilprojekt	Inhalt
1. Zusammenarbeitsmodell	Definition der Vision, Rollen, Verantwortlichkeiten, Prozesse und der Terminologie Gemeinsames Verständnis über die Auswirkungen von DevOps auf die IT
2. Integriertes Taskmanagement	Aufbau eines integrierten Managementsystems zur übergreifenden Verwaltung von Tasks, Bugs, Incidents, Changes und Problems Einheitliche Prozesse und Werkzeuge für Entwicklung, Test und Betrieb
3. Continuous Delivery	Standardisierter automatischer Aufbau, technische Prüfung und Bereitstellung SW-compile, -build und -deploy jederzeit möglich, Agilität von Dev via Test bis Ops
4. Qualifizierung	Identifizieren notwendiger Schulungen (z. B. in Bezug auf technische Innovationen) Investitionen in Mitarbeiter, Modelle der Zusammenarbeit, neue Werkzeuge, Neugier und Innovation
5. Bereitstellung von Tools, Berechtigungen, Plattformen und Infrastruktur	Identifizierung kleinster gemeinsamer Vielfacher, Standardisierung, Wissenstransfer zwischen Ops und Dev Integrierte Software-defined Infrastructure und Plattform Services

die folgende Rollen einnehmen: Programmmanager, zwei Fachexperten, DevOps-Architekt, Change Manager und Quality Manager. Darüber hinaus arbeiten rund 90 Fachexperten aus der Linienorganisation in den Teilprojekten mit. Die Unterstützung des Top-Managements kommt u.a. darin zum Ausdruck, dass ein Mitglied der Geschäftsleitung als Chair im Lenkungskreis des Programms fungiert.

Gemäß des Prinzips Culture beruht die Einführung von DevOps auf einem grundlegenden Kulturwandel in den beteiligten Organisationsbereichen. Um die jeweiligen Mitarbeiter mit der Veränderung nicht zu überfordern, aber durch kleine Verbesserungsschritte dennoch einen erkennbaren Mehrwert zu realisieren, hat T-Systems MMS sog. Nutzenpäckchen definiert und ihr Vorgehen daran ausgerichtet. Nutzenpäckchen sind möglichst kleine, in sich abgeschlossene Verbesserungen, die einen konkreten Nutzen bringen und welche die Organisation im laufenden Tagesgeschäft umsetzen kann (Foegen et al. 2008). Diese aus ITIL bekannte Vorgehensweise hat sich dabei auch für die DevOps-Einführung bewährt. Für die Zusammenarbeit der DevOps-Teams hat ferner die Neugestaltung der Räumlichkeiten im Gebäude der T-Systems MMS in Dresden beigetragen. Anstatt klassischer zugeordneter Arbeitsplätze in kleinen Büroeinheiten existieren nun buchbare offen gestaltete Räume für Teamarbeit in unterschiedlichen Größen sowie Einzelarbeitsplätze und Ruheräume.

4.3 Sharing: Erfahrungen aus DevOps-Projekten

Mittlerweile hat die T-Systems MMS in über 20 Projekten und Services mit ihren Kunden nach DevOps-Prinzipien zusammengearbeitet. Die in Tab. 4.2 dargestellte Übersicht ausgewählter Projekte zeigt dabei unterschiedliche Projekt- sowie DevOps-bezogene Ziele. Aus diesen Projekterfahrungen ist sukzessive die standardisierte und durchgängige Delivery Pipeline entstanden, die SW hochskalierbar auf verschiedenen Cloud-Plattformen und automatisch auf Basis vorkonfigurierter Skripte bereitstellen kann. Bei der Softwareentwicklung wird der jeweils aktuelle Stand automatisch in ein auslieferbares Artefakt mittels eines standardisierten Build-Prozesses kompiliert und direkt im Anschluss automatisiert getestet. Unit-Tests, automatisierte Fach-, Regressions- und Security-Tests sowie technische Qualitätstests stellen die Erfüllung aller bestehenden sowie neu hinzugekommenen funktionalen und nichtfunktionalen Anforderungen sicher. Sind die Tests erfolgreich, folgt eine automatische Installation des Softwarestands „auf Knopfdruck" innerhalb von Minuten auf den Test- oder Wirkbetriebsumgebungen.

Eine Herausforderung war der Aufbau der DevOps-Kompetenzen im Unternehmen und beim Kunden. Aufgrund der Neuheit des Ansatzes fehlten zu Beginn

Tab. 4.2 Ausgewählte DevOps-Kundenprojekte der T-Systems MMS

Kunde	Projektbeschreibung	DevOps-bezogene Ziele
Großes Logistikunternehmen	Relaunch von Internet- und mobilen Applikationen	Ermöglicht kürzere Release-Zyklen und Update-Rollouts sowie die ständige Weiterentwicklung von Funktionen bei gleichzeitig stabilem Betrieb
Großes Mobilfunkunternehmen	Weiterentwicklung und Applikationsmanagement der Plattform	Kontinuierliche Delivery und Deployment von SW-Komponenten
Großes Telekommunikationsunternehmen	Entwicklung, Test und Deployment einer hochsicherheitsrelevanten Webanwendung	Automatische Bereitstellung virtueller Maschinen und Applikations-Rollout, Übergabe an Betrieb über vereinheitlichte Konfigurations- und Deployment-Skripte, Test von Deployments bereits in der Entwicklungsphase
Globales Erdöl- und Erdgasunternehmen	Übernahme bestehender Websites in neue Betriebsumgebung	Unterbrechungsfreie Übernahme bestehender Websites in neue Betriebsumgebung Service-Verfügbarkeit 99,9 % Deployment-Management mit monatlichen Releases Umfassende Tests und Qualitätsmanagement Auf den Service ausgerichtetes Service-Monitoring und –Reporting
Großer Systemanbieter in der Materialwirtschaft	Ablösung und Neuaufbau einer komplexen E-Commerce-Lösung	Hochverfügbarkeit und Skalierbarkeit der Lösung

Schulungen oder gar Zertifizierungen auf dem Markt ebenso wie (deutschsprachige) Fachbücher, sodass vor allem Internet-Ressourcen (z. B. Präsentationen, Konferenz- und Blog-Beiträge) und Publikationen von Analysten als Informationsquellen dienten. Darüber hinaus begab man sich auf gezielte Suche nach weiteren Kollegen, die bereits Berührung mit DevOps hatten, identifizierte bewährte

Vorgehensweisen in der Zusammenarbeit und verstärkte sich mit externen Experten. Zur Strukturierung und Dokumentation des Wissens war der Aufbau des begleitenden Wissensmanagements hilfreich. Im Intranet der T-Systems MMS entstand eine Wissensbasis mit Literatur zu DevOps, Berichten zu den aktuellen Projektfortschritten und –erfahrungen sowie Unterlagen zu regelmäßigen Präsenzveranstaltungen, Webinaren und Blog-Beiträgen. Die Ausbildung der nötigen Kompetenzen für DevOps-Kundenprojekte bei den Mitarbeitern erfolgt inzwischen nicht nur durch Schulungsmaterialien und Trainings, sondern auch durch Job-Rotation bzw. den zeitweisen Wechsel von Mitarbeitern in das strategische Projekt und auf die Kostenstelle der zentralen IT-Abteilung. Dies entlastet die operativen Einheiten von hohen Aus- und Weiterbildungskosten und gewährleistet einen weitestgehend einheitlicher Wissensstand bei allen ausgebildeten Mitarbeitern und damit eine effiziente Zusammenarbeit in den Kundenprojekten. Ein begleitender Change Management-Prozess beinhaltete eine Kommunikationsstrategie, um so viele Informationen wie möglich über den neuen Ansatz bereitzustellen, ohne die Mitarbeiter zu überlasten. Zum Einsatz kamen beispielsweise Erwartungsabfragen, regelmäßige Informationsveranstaltungen und selbst produzierte Videoclips.

4.4   Automation: IT-Infrastruktur für DevOps

Die zum DevOps-Betrieb benötigte Infrastruktur wird heute in der T-Systems MMS im Rahmen einer dreischichtigen Architektur bereitgestellt und gewartet: Die Basisschicht bilden verschiedene interne und externe Cloud-Plattformen und Produkte zur Unterstützung des Infrastrukturbetriebs. Die spezifische Automatisierungslogik der T-Systems MMS für DevOps ist dabei in der mittleren Architekturschicht enthalten. Diese verwaltet in einem zentralen Repository alle Automatisierungsskripte, Rezepte und Tools für die individuell implementierte durchgängige Prozessverkettung und stellt sie allen DevOps-Mitarbeitern zur Verfügung. Die oberste Schicht wiederum bilden Services zur Unterstützung von Softwareentwicklung, Test und Betriebsaufgaben, deren Betrieb primär zentral und nach definierten Service Level Agreements (SLA) erfolgt. Eine übergreifende Integration und Qualitätssicherung sowie Dokumentation sichern die kontinuierliche Weiterentwicklung dieser Architektur. Abb. 4.3 zeigt die in der mittleren Architekturschicht implementierte MMS-Delivery Pipeline entlang der DevOps-Phasen, wie sie T-Systems MMS in der Prozesskette „Requirements to Solutions" (R2S) einsetzt.

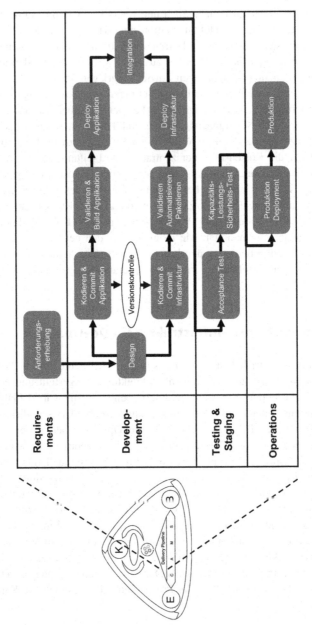

Abb. 4.3 Delivery Pipeline der T-Systems MMS

Für die Automatisierung der Delivery Pipeline hat die T-Systems MMS ein eigenes DevOps-Framework entwickelt, welches die erforderlichen Services und deren Komponenten nach dem IaC-Prinzip bereitstellt. Die einzelnen Tools der ersten Ausbaustufe des Frameworks zeigt Tab. 4.3, wobei für weitere Ausbaustufen unter anderem Tools für automatisierte Funktions-, Usability- und Sicherheitstests sowie eine „Device Cloud" zur zentralen Bereitstellung von spezifischen Testumgebungen auf mobilen Endgeräten hinzukommen sollen.

Tab. 4.3 Tools der ersten Ausbaustufe der DevOps-Pipeline der T-Systems MMS

DevOps-Tool	Aufgabe
DO-DMZ	In der DevOps-DMZ (Demilitarized Zone) werden für das DevOps-Framework relevante IT-Systeme der R2S-Services, die Plattform-Charakter und gemischte/verteilte Administrations-Verantwortungen haben, aufgebaut. Dies sind derzeit fünf Services: Artifactory, Team Foundation Server, Sonarcube, Logging, zentrale Jenkins-Elemente sowie weitere Test-Plattform-Funktionalitäten
DO-IMAGE	Bereitstellung von einheitlichen gehärteten Betriebssystem-Images inklusive der zugehörigen CD Pipeline für die automatische Image-Erstellung aus Codebeschreibungen und inkludierter automatischer Statement-of-Compliance-Prüfung auf mehreren Plattformen
DO-PUPPET	Puppet führt die deklarative Beschreibung (Manifeste) für Aufbau, Änderung und Löschung von Infrastrukturumgebungen und Systemumgebungen aus. Der Super-Puppet-Master baut, ändert und löscht die Projekt/Service-Puppet-Master. Für neu aufzusetzende Projekte und Services werden aus einem DevOps-Framework GIT-Clone individuelle Projekt- beziehungsweise Service-Umgebungen durch den Projekt/Service-Puppet-Master aufgebaut und verantwortet
DO-JENKINS	Die Jenkins-Server werden automatisiert für Infrastruktur-Deployments und Projekt-Deployments bereitgestellt. Die Jenkins-Server inkl. der Job-DSL (Domain-specific Language) sind die Steuerzentrale der jeweiligen projektbezogenen CD-Pipeline. Die Build-Server inklusive der codifizierten Basis-Automatisierungen werden zentral über DO-PEC (das Blueprint-Projekt) bereitgestellt
DO-LOG	Aufbau und Bereitstellung einer zentralen mandantenfähigen horizontal skalierbaren Logging-Plattform sämtlicher Log-Daten (Sammeln, Indizieren, Auswerten, Visualisieren, Verdichten, Lebenszyklus der Log-Daten steuern). Dies umfasst ebenfalls den Aufbau komplexer Regelwerke für Big Data-fähige Auswertungen und die später geplante Event-Automatisierung zur Administrationsautomatisierung mittels Machine Learning-Methoden in Kombination mit Monitoring

(Fortsetzung)

Tab. 4.3 (Fortsetzung)

DevOps-Tool	Aufgabe
DO-CC	Der Cloud-Connector verbindet infrastrukturelle Basisdienste pro Cloud mit dem T-Systems-MMS-Netzwerk. Es können in der Cloud erzeugte Daten über den Connector an zentrale DevOps-Services automatisch übertragen werden. Interfaces dienen dazu, automatisch virtuelle Betriebssysteme, Applikationsserver und angebotene Cloud-Plattform-Services mittels Puppet und Terraform zu erzeugen und anzusteuern
DO-PEC	DO-PEC Release 1.0 ist ein fertiges Beispielprojekt, dass im DevOps@MMS-Programm als Vorlage beziehungsweise Blaupause für die eigene Entwicklung des DevOps-Frameworks genutzt wird. Es besteht aus sämtlichen technischen Komponenten des DevOps-Frameworks sowie der PetClinic (Open-Source-Projekt auf Basis des Java-Spring-Frameworks)
DO-SONARTEST	Mandantenfähige Plattform zur Bereitstellung von Source-Code-vermessungs-Funktionalitäten unter Nutzung von Sonarcube und anderen Tools für die Automatisierung von projektindividuellen IT-Sourcecode-Vermessungen und automatischer Jenkins-Job-Integration in die CD-Pipeline

4.5   Measurement: Auswirkungen und Weiterentwicklungen

Vor Einführung von DevOps waren die bekannten Zielkonflikte zwischen der Entwicklungsabteilung (Wunsch nach produktivem Betrieb iterativ neuer Funktionen in kürzerer Zeit), Service Managern und Administratoren (Wunsch nach störungsfreiem Betrieb mit möglichst wenigen Veränderungen) allgegenwärtig. Häufig hatte die Qualitätssicherung dafür zu sorgen, dass in diesem Gemenge gegenläufiger Ziele keine größeren Probleme entstehen konnten. Die Einführung von DevOps hat dazu beigetragen, die Zielkonflikte von Beginn an zu minimieren, indem bereits bei der agilen Entwicklung wesentliche Erfordernisse des Betriebs (z. B. Security, Lastverteilung, Logging, Monitoring) Berücksichtigung fanden und automatisierte Tests die Qualität sichergestellt haben. Hohe Relevanz hatten vor allem die Kunden selbst, da diese sowohl Adressaten als auch integraler Bestandteil von DevOps sind.

Die Erfahrungen aus den Kundenprojekten zeigen, dass das Ziel einer erhöhten Agilität des ITM bei gleichzeitiger Sicherstellung der Zuverlässigkeit überwiegend erreicht werden konnte und sich die allgemeinen DevOps-Potenziale (s. Abschn. 3.2) hinsichtlich Steigerung der Deployment-Frequenz sowie der

Verringerung von Durchlaufzeiten bestätigten. Beispielsweise sank die Zeit-spanne zwischen der erfolgreichen Übernahme neuer Releases von zuvor mehreren Monaten auf wenige Tage oder sogar Stunden im DevOps-Betrieb. Kunden berichteten über Kosteneinsparungen von bis zu 75 %. Erklärtes Ziel der DevOps-Einführung bei T-Systems MMS war es zudem, die Innovationsdynamik beim Kunden zu erhöhen und insbesondere die Inbetriebnahme neuer innovativer Entwicklungen zu beschleunigen. Kunden und das interne ITM der T-Systems MMS sollten durch Beschleunigung von Projekt-Set-up, Entwicklung und Inbe-triebnahme ihre Innovationen in der Praxis schneller testen, daraus lernen und weiter verbessern können. Sowohl Aussagen von Kunden als auch beteiligter Mitarbeiter der T-Systems MMS bestätigen das Erreichen dieser Ziele.

Ein Beispiel liefert die mittlerweile mehrjährige Zusammenarbeit von T-Systems MMS mit dem großen Unternehmen aus der Logistikbranche (s. Tab. 4.2). Bei diesem Kunden zeigt sich besonders deutlich der Wandel der durch die IT-Abteilung bereitgestellten mobilen Applikationen von unter-stützenden Services hin zu zentralen Wertschöpfungselementen. Während zu Beginn primär Funktionen zum bequemen Informationsabruf, etwa zur Lage von Filialen sowie Preise und Einzelheiten angebotener Services im Mittel-punkt standen, kamen später unmittelbar die Wertschöpfungskette des Logis-tikunternehmens betreffende Funktionalitäten, wie etwa zum Status einer Sendung, hinzu. Nachdem die Differenzierung von konkurrierenden Angebo-ten durch besonders kundenfreundliche App-Angebote erfolgen sollte, kam der ständigen Weiterentwicklung der Funktionalitäten eine hohe Bedeutung zu. Sowohl die zugrunde liegende technische Plattform als auch das Betriebs-modell hatten kurze Release-Zyklen und den schnellen Rollout von Updates zu gewährleisten. Für diese Erwartung an ein CD bei gleichzeitig stabilem Betrieb waren klassische ITM-Prozesse nach Kundeneinschätzung nicht aus-reichend schnell, weshalb in der Folge der DevOps-Ansatz zum Einsatz kam. Inzwischen betreibt das Logistikunternehmen weitere Applikationen nach die-sem Ansatz, u. a. Anwendungen, die auf neue digitale, insbesondere daten-basierte Geschäftsmodelle abzielen. Der Einsatz von DevOps erlaubte damit einerseits neuartige Geschäftsanwendungen mit hohem Innovationsgrad am Markt zu entwickeln und andererseits eine hohe Effizienz bei der Bereitstel-lung durch eine weitgehende Automatisierung realisieren zu können.

Dem Nutzen von DevOps stehen allerdings Aufwände für die Durchführung gegenüber, die in die Beurteilung einzubeziehen sind. Dabei ist zwischen pro-jektübergreifenden und projektspezifischen Aufwänden zu unterscheiden. Erstere betreffen vor allem die Schaffung der technischen (insb. Delivery Pipeline), der

Tab. 4.4 Projekttypen mit besonderer Eignung für DevOps

Projekttyp	Beispiele
Kurze Innovations- bzw. Veränderungszyklen	Mobile Apps, Shop-Portale, Customer-Self-Service-Portale, digitale Geschäftsmodelle
Kurze Reaktionszeiten	Sicherheitskritische Anwendungen zur kurzfristigen Umsetzung von Aktualisierungen (z. B. im Fehlerfall, bei Virenrisiko)

organisatorischen (z. B. Vorgehensmethodik) und der personellen Rahmenbedingungen (z. B. Change Management und Schulungen). Gerade für größere Unternehmen kann es sinnvoll sein, eigene interne DevOps-Standards zu definieren, die bei den internen Entwicklern ebenso wie bei beauftragten Entwicklungsdienstleistern zum Einsatz kommen können. Auch für Start-ups oder Produkthersteller sind Investitionen in Richtung DevOps-Kompetenzen und -Infrastrukturen interessant, um wiederkehrende Produktentwicklungsaufgaben zu automatisieren und eine agile Weiterentwicklung mit kurzen Lernzyklen bzw. kurzer Time-to-Market zu ermöglichen. Bezüglich der projektspezifischen Aufwände gilt es das Umfeld und die Anforderungen des betreffenden Projekts zu berücksichtigen. Sind beispielsweise die Innovations- bzw. Veränderungszyklen der einzelnen Services sehr kurz oder kurze Reaktionszeiten bei der Entwicklung von Releases bzw. Fixes erforderlich, so werden sich Investitionen in DevOps-Prinzipien schneller amortisieren als in einem Projektumfeld mit stabilen mittel- bis längerfristigen Releasezyklen.

Nachdem davon auszugehen ist, dass Projekte mit besonderer DevOps-Eignung (s. Tab. 4.4) perspektivisch von den heutigen 50 % aller bei T-Systems MMS durchgeführten Projekten zunehmen, entwickelt T-Systems MMS ihr DevOps-Programm laufend weiter. Zu den aktuellen Entwicklungen zählen beispielsweise ein:

- **DevOps-Dashboard,** das den Überblick über alle Verbesserungsmaßnehmen erhöht und damit der aus der Vielzahl parallel verlaufender Entwicklungs-, Test- und Deployment-Zyklen resultierenden Komplexität, entgegenwirkt. Mit dem Dashboard können Kunden, aktuell laufende Releases über die komplette Prozesskette von der fachlichen Anforderung bis zum Regelbetrieb grafisch visualisieren. Diese Übersicht wird sich selbstständig an Endgeräte (z. B. Laptops, Browser, Tablets oder Smartphones) anpassen und für verschiedene Nutzergruppen konfigurierbar sein. So können sich beispielsweise die Fachabteilung, der IT-Administrator und die Unternehmensleitung jeweils individuelle Sichten mit den für sie relevanten Phasen in der DevOps-Prozesskette erstellen.
- **DevOps-Reifegradmodell,** welches die Beurteilung des Fortschritts bei der Einführung von DevOps in den Kundenprojekten unterstützt. Die neun Dimensionen

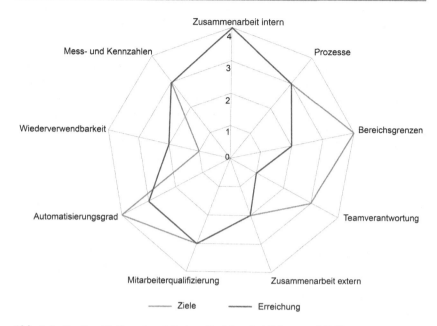

Abb. 4.4 DevOps-Reifegradmodell eines Projektes bei T-Systems MMS

des Modells (s. Abb. 4.4) sollen Antworten auf typische Fragen im DevOps-Kontext vermitteln, etwa in welchem Umfang DevOps kulturell und organisatorisch sowie technisch und automatisiert umgesetzt ist und an welchen Stellen weiterführende Verbesserungen erfolgen können. Das Modell orientiert sich dabei an den Anforderungen des konkreten Projektes und lässt sich im Rahmen einer Selbstbeurteilung einsetzen. Die Gegenüberstellung der eigenen Anforderungen an DevOps und des aktuell erreichten Reifegrades dient typischerweise zur Initiierung von Diskussionen zu Verbesserungsmaßnahmen der IT-Abteilung mit den fachlich Verantwortlichen im Unternehmen sowie mit externen Partnern.

- **Qualitätssicherungs-Ansatz,** der den integrierten Test (Continuous Integration & Testing) zwischen Entwicklung und Betrieb hervorhebt. In der Außendarstellung der T-Systems MMS ist das zusätzliche „Q" für Qualitätssicherung in der Bezeichnung DevQOps wiederzufinden.

Implikationen für ein innovationsorientiertes ITM mit DevOps

5

Die vier Teile des Buches illustrieren, dass sich mit der Digitalisierung die IT zu einem Innovationstreiber in allen Branchen etabliert hat und dort anstatt einer unterstützenden Funktion nun den zentralen Bestandteil neuer Geschäftsmodelle, Produkte und Services sowie Geschäftsprozesse bildet. Diese IT-basierten Lösungen beruhen auf der Konvergenz zahlreicher laufend weiterentwickelter Technologien und haben zu einer erhöhten Veränderungsgeschwindigkeit in der Wirtschaft beigetragen. Ein besonderer Stellenwert kommt dabei der Software zu, welche nicht nur die Steuerung von Hardware aller Art übernimmt und die Geschäftslogik abbildet, sondern bereits heute angestammte Branchen grundlegend verändert. Wie Unternehmen softwarebasierte Innovationen für ihre internen und externen Kunden hervorbringen können, bestimmt damit die künftige Wettbewerbsfähigkeit. Für das ITM als dem traditionell in den Unternehmen für IT – und damit zumindest die technischen Fragen der Digitalisierung – verantwortlichen Ressort hat dies tiefgreifende Auswirkungen:

- Jedes Unternehmen wird auch zu einem Softwareunternehmen in dem Sinne, dass seine Wertschöpfungsprozesse immer stärker von Software abhängen. Wenngleich nicht jedes Unternehmen eigene Softwareentwickler benötigt, so ist doch grundlegende Softwarekompetenz zur strategischen Ausrichtung und zur Zusammenarbeit mit den entsprechenden Dienstleistern notwendig.
- Indem IT ein Bestandteil der Endprodukte wird, entsteht Konfliktpotenzial mit den klassischen Verantwortlichkeiten der Produktentwicklung. Während die IT-Abteilung typischerweise die Unternehmens-IT (kaufmännische IT und allgemeine IT-Infrastruktur) verantwortet, beanspruchen gerade F&E-Bereiche unabhängig vom Digitalisierungsgrad traditionell die Führungsrolle bei der Produktentwicklung. Das durch die Digitalisierung verursachte Verschmelzen beider Bereiche erfordert neu definierte Verantwortlichkeiten wie etwa die des CDO,

© Springer Fachmedien Wiesbaden GmbH 2017
R. Alt et al., *Innovationsorientiertes IT-Management mit DevOps*,
essentials, DOI 10.1007/978-3-658-18704-0_5

welche mit oder in der Geschäftsleitung gemeinsame Entwicklungsinfrastruktu-
ren und –budgets entwickeln bzw. verantworten.

- Die betriebliche IT-Abteilung ist der naheliegende Ort, um Digitalisierung im
Unternehmen zu treiben. Dies bedeutet, dass IT-Abteilungen einerseits diese
Rolle annehmen müssen, andererseits aber sowohl den Auftrag als auch die
Verankerung in der Geschäftsleitung zur Zusammenarbeit mit den fachlichen
Abteilungen erhalten. Auch hier können fachliche Digitalisierungsverantwort-
liche die Brückenfunktion unterstützen.

- Das ITM hat sich aufbauend auf den bisherigen Kompetenzen im ITSM stärker in Richtung einer kundenbezogenen Innovationsfähigkeit auszurichten.
Ansätze wie DevOps verbinden dazu die Fähigkeiten zum Infrastrukturbetrieb
mit der Softwareentwicklung und insbesondere mit Einbezug der Kunden.
Gleichzeitig entstehen mit der Kundennähe von IT- (und auch F&E-)Abtei-
lung Konfliktpotenziale mit den bislang für den Kundenkontakt zuständigen
Marketing- und Vertriebseinheiten.

- IT-Kompetenz ist bereits heute nicht mehr nur exklusiv in der IT-Abteilung
vorhanden, sondern zunehmend bei allen – insbesondere jüngeren – Mitarbeitern. Neben Initiativen zur Schulung technologischer Fähigkeiten sind in agilen Organisationen vor allem Führungsfähigkeiten notwendig, die etwa eine
flexiblere Zusammenarbeit mit internen und externen Bereichen erlauben. Ein
Beispiel für ein solches „Digital Leadership" stellt die „levelUP!"-Initiative
der Telekom dar (z. B. Deutsche Telekom 2017).

Einen wichtigen Bestandteil eines innovationsorientierten ITMs können Manage-
mentkonzepte wie DevOps bilden, welche durch die Fähigkeit zur zeiteffizienten
Softwareerstellung Innovationen in Form neuer fachlicher und/oder technischer
Anforderungen in enger Zusammenarbeit mit den für den Betrieb verantwortli-
chen Organisationseinheiten umsetzen. Die strategische Bedeutung von DevOps
und die zentrale Funktion der IT-Abteilung als Innovationstreiber waren in der
Fallstudie zur DevOps-Einführung bei T-Systems MMS zu beobachten. Die
Geschäftsleitung hat diesen Aspekten mit der langfristigen Einführung von
DevOps und der Verankerung im gesamten Unternehmen Rechnung getragen.
Allerdings hat sich auch gezeigt, dass der junge DevOps-Ansatz bislang eher
einer Philosophie denn einer ausgearbeiteten Methode gleicht. Bis zur Verfüg-
barkeit von Vorgehensmodellen, Templates und durchgängigen Werkzeugen ist
daher jedes Unternehmen gefordert, eine individuelle DevOps-Interpretation bzw.
Implementierung zu entwickeln. Eine solche umfasst:

- **SdB (Software-defined Business):** Erkennen der Software als zentralem Gestaltungselement im Zeitalter der Digitalisierung. Indem Software die Hardware ergänzt und teilweise substituiert, sind Kompetenzen zur Softwareentwicklung bzw. zu deren Management eine Grundlage für die digitale Innovationsfähigkeit. Diese sind in frühen Phasen des Innovationsmanagements (z. B. in Design Thinking-Formaten) ebenso notwendig wie bei der kontinuierlichen Weiterentwicklung auf Basis von Continuous-Konzepten.

- **KEB (Kunde, Entwicklung, Betrieb):** Konsequentes Einbeziehen des Kunden, wobei es sich sowohl um externe Kunden, die z. B. einen Webshop oder eine App benutzen, als auch um interne Kunden, die komplexe IT-Services z. B. auf Basis eines ERP-Systems nutzen, handeln kann. Ziel ist ein enges Zusammenwirken von Kunde, Entwicklung und Betrieb, worunter definierte Ansprechpartner ebenso wie gemeinsame Austauschformate (z. B. Workshops) und interaktive Raumformate fallen.

- **CAMS (Culture, Automation, Measurement, Sharing):** Das Verständnis als umfassende Veränderung der Gesamtorganisation (Culture), die Einführung einer standardisierten und automatisierten Toolkette (Automation), ein Reifegradmodell für die kritische Beurteilung des Fortschritts von DevOps in Kundenprojekten (Measurement) sowie das frühzeitige Einbeziehen von externen Partnern und Mitarbeitern/-innen aus allen betroffenen Bereichen (Sharing) bilden Kernbestandteile einer DevOps-Einführung. Die Gestaltungsaspekte aus der Fallstudie fasst Tab. 5.1 zusammen.

Auf dem Weg zum innovationsorientierten ITM ist letztlich festzustellen, dass auch die Transformationsprojekte in einen Regelbetrieb münden müssen. So ist beispielsweise bei der T-Systems MMS geplant, die Verantwortung zur kontinuierlichen Weiterentwicklung des DevOps-Programms von der IT-Abteilung wieder in die Linienorganisation zurückzuführen, wenn sich die DevOps-Prozesse, -Tools und -Plattformen in der Fläche etabliert und stabilisiert haben. Dem ITM bietet sich damit die Chance, sich vom internen Dienstleister zum Innovationstreiber zu entwickeln und unterschiedliche, häufig bislang getrennt voneinander operierende Bereiche mit Blick auf die kontinuierliche Neuausrichtung des Unternehmens zusammenzuführen.

Tab. 5.1 DevOps-Gestaltungsaspekte aus der Fallstudie

DevOps-Prinzip	Gestaltungsaspekte („Learnings") aus der Fallstudie
Culture	• Sicht auf Gesamtprozess und Einbezug des Kunden • Verantwortung durch Geschäftsleitung • Aufsetzen einer DevOps-Projektorganisation • Definition von „Nutzenpäckchen" • Interaktionsorientierte Raumkonzepte
Automation	• Entwicklung einer Automatisierungsarchitektur • Definition von Services zur Delivery Pipeline mit SLAs • Gestaltung einer Delivery Pipeline für Automatisierungslogik • Verbindung interner und externer Cloud-Plattformen als Basis
Measurement	• Vermeiden von Zielkonflikten durch transparente Anforderungen • Definition und Messung von DevOps-Metriken • Entwurf eigener DevOps-Stacks • Einsatz von Tools zur Messung und Visualisierung des DevOps-Fortschritts
Sharing	• Kompetenzaufbau bei den Mitarbeitern • Wissenstransfer aus den Projekten • Kooperation mit externen Experten • Begleitender Change Management-Prozess
Übergreifend	• Digitalisierung der kaufmännischen Prozesse • Definition von Prozessbereichen und -zielen • Zertifizierung im Entwicklungs- und Betriebsbereich

Was Sie aus diesem *essential* mitnehmen können

- Die Digitalisierung erfordert einen aktiven Innovationsbeitrag des ITM
- Software hat bereits heute eine Schlüsselrolle für digitale Innovationen in allen Bereichen – zukünftig wird jedes Unternehmen zum Software-defined Business
- DevOps ermöglicht es, Software in hoher Qualität und Frequenz auszuliefern und damit Innovation schnell an den Kunden zu bringen
- DevOps ist keine einsatzfertige Methode, sondern muss von jedem Unternehmen individuell interpretiert werden
- Die erfolgreiche Einführung von den DevOps benötigt neben einer toolgetriebenen Automatisierung einen umfassenden Wandel der Zusammenarbeitskultur

© Springer Fachmedien Wiesbaden GmbH 2017   53
R. Alt et al., *Innovationsorientiertes IT-Management mit DevOps*,
essentials, DOI 10.1007/978-3-658-18704-0

Literatur

Abolhassan, F. (Hrsg.): Der Weg zur modernen IT-Fabrik – Industrialisierung – Automatisierung – Optimierung, Springer Gabler, Wiesbaden (2013)

Alt, R.: Überbetriebliches Prozessmanagement. Logos, Berlin (2008)

Alt, R., Auth, G., Kögler, C.: Innovationsorientiertes IT-Management – Eine Fallstudie zur DevOps-Umsetzung bei T-Systems MMS. HMD Praxis der Wirtschaftsinformatik **54**(2), 216–229 (2017)

Andreessen, M.: Why software is eating the world. In: Wall Street Journal v. 20.08.2011. https://www.wsj.com/articles/SB10001424053111903480904576512250915629460 (2011). Zugegriffen: 2. Mai 2017

Booch, G.: Object-oriented analysis and design with applications. 2nd ed., Addison Wesley Longman (1994)

Brown, A., Forsgren, N., Humble, J., Kersten, N., Kim, G.: 2016 State of DevOps Report. https://puppet.com/resources/whitepaper/2016-state-of-devops-report (2016). Zugegriffen: 2. Mai 2017

Bülchmann, O.: Die Digitale Transformation erfordert Digitale Führungskompetenz. Wirtschaftsinformatik & Management **9**(1), 20–31 (2017)

Cruzes, D.S., Moe, N.B., Dybå, T.: Communication between developers and testers in distributed continuous agile testing. In: Proceedings 11. International Conference on Global Software Engineering (ICGSE), S. 59–68. (2016)

Denning, S.: New lessons for leaders about continuous innovation. Strategy & Leadership **43**(1), 11–15 (2015)

Destatis: Arbeitsmarkt – Erwerbstätige im Inland nach Wirtschaftssektoren – Deutschland. https://www.destatis.de/DE/ZahlenFakten/Indikatoren/LangeReihen/Arbeitsmarkt/lrerw013.html (2016). Zugegriffen: 2. Mai 2017

Deutsche Telekom AG.: Digital Leadership: Telekom hebt Level für Führungskräfte. https://www.telekom.com/de/medien/medieninformationen/detail/digital-leadership-telekom-hebt-level-fuer-fuehrungskraefte-489532 (2017). Zugegriffen: 2. Mai 2017

Disterer, G.: ITIL-basierte Inbetriebnahme neuer Anwendungen. HMD Praxis der Wirtschaftsinformatik **48**(2), 48–57 (2011)

Elgan, M.: How the 'software-defined' trend transforms business. In: ForbesBrandVoice v. 26.6.13. https://www.forbes.com/sites/netapp/2013/06/26/software-defined-trend/#2a8e95762a42 (2013). Zugegriffen: 2. Mai 2017

Fitzgerald, B., Stol, K.-J.: Continuous software engineering: a roadmap and agenda. J. Syst. Softw. **123**,176–189 (2015)

Fowler, M.: Continuous Integration (original version). https://martinfowler.com/articles/originalContinuousIntegration.html (2000). Zugegriffen: 2. Mai 2017

Hagel, J., Brown, J.S., Samoylova, T., Lui, M.: From exponential technologies to exponential innovation, Deloitte University Press, San Jose (2013)

Hess, T.: Digitalisierung. In: Gronau, N., Becker, J., Sinz, E., Suhl, L., Leimeister, J.M. (Hrsg.): Enzyklopädie der Wirtschaftsinformatik, 9. Aufl., GITO. http://www.enzyklopaedie-der-wirtschaftsinformatik.de/lexikon/technologien-methoden/Informatik–Grundlagen/digitalisierung (2016). Zugegriffen: 2. Mai 2016

Highsmith, J.: Agile project management – creating innovative products. Addison-Wesley, Boston (2004)

Humble, J., Farley, D.: Continuous Delivery. Addison-Wesley, Upper Saddle River, NJ et al. (2011)

Humble, J., Molesky, J.: Why enterprises must adopt devops to enable continuous delivery. Cutter IT Journal **24**(8), S. 6–12 (2011)

Hüttermann, M.: DevOps for developers. Apress, New York (2012)

ISC.: Internet domain survey, January 2017. http://ftp.isc.org/www/survey/reports/current/ (2017). Zugegriffen: 2. Mai 2016

Kim, G., Humble, J., Debois, P., Willis, J.: The DevOps handbook: how to create worldclass agility, reliability, and security in technology organizations. IT Revolution Press, Portland (2016)

Koch, P., Ahlemann, F., Urbach, N.: Die innovative IT-Organisation in der digitalen Transformation. In: Helmke, S., Uebel, M. (Hrsg.) Managementorientiertes IT-Controlling und IT-Governance, S. 177–196. Springer, Wiesbaden (2016)

Kögler, C.: Digital transformation: the survival guide for the age of big data, industry 4.0 and the internet of things. https://www.researchgate.net/publication/298421153_Digital_Transformation_The_Survival_Guide_for_the_Age_of_Big_Data_Industry_40_and_the_Internet_of_Things (2016). Zugegriffen: 2. Mai 2017

Krcmar, H.: Informationsmanagement, 6. Aufl. Springer Gabler, Berlin (2015)

Kurbel, K.: Global Delivery Model. In: Gronau, N., Becker, J., Sinz, E., Suhl, L., Leimeister, J.M. (Hrsg.): Enzyklopädie der Wirtschaftsinformatik, 9. Aufl., GITO. http://www.enzyklopaedie-der-wirtschaftsinformatik.de/lexikon/uebergreifendes/Globalisierung/Offshoring/Global-Delivery-Model (2016). Zugegriffen: 22. Nov. 2016

Lindermeir, A.: Digitalisierung des Innovationsmanagements – Über Chancen und Herausforderungen von IT-Maßnahmen in Innovation Communities. HMD Praxis der Wirtschaftsinformatik **53**(4), 543–554 (2016)

Marko, K.: The software defined business: a revitalized CA catalyzes the application economy. In: forbes v. 16.11.14. https://www.forbes.com/sites/kurtmarko/2014/11/16/software-defined-business/#3ded88ff5ad4 (2014). Zugegriffen: 2. Mai 2017

Meyer, M.: Kommunikationstechnik: Konzepte der modernen Nachrichtenübertragung. Vieweg, Braunschweig (1999)

Moe, N.B., Cruzes, D.S., Dybå, T., Mikkelsen, E.: Continuous software testing in a globally distributed project. In: Proceedings 10. International Conference on Global Software Engineering (ICGSE), S. 130–134 (2015)

Negroponte, N.: Being digital. Vintage, New York (1995)

Pfeiffer, W., Weiß, E.: Lean Management: Grundlagen der Führung und Organisation lernender Unternehmen. Erich Schmidt, Berlin (1994)

Pfeiffer, W., Weiß, E., Volz, T., Wettengl, S.: Funktionalmarkt-Konzept zum strategischen Management prinzipieller technologischer Innovationen. Vandenhoeck & Ruprecht, Göttingen (1997)

Puschmann, T., Alt, R.: Sharing Economy. Bus. Inf. Syst. Eng. **58**(1), 93–99 (2016)

Quibeldey-Cirkel, K., Thelen, C.: Continuous Deployment. Informatik Spektrum **35**(4), 301–305 (2012)

Ramos, M.: Continuous integration: infrastructure as code in DevOps. http://info.easydynamics.com/blog/continuous-integration-infrastructure-as-code (2015). Zugegriffen: 2. Mai 2017

Resch, O. (2016): IT-Management. In: Gronau, N., Becker, J., Sinz, E., Suhl, L., Leimeister, J.M. (Hrsg.), Enzyklopädie der Wirtschaftsinformatik – Online Lexikon, http://www.enzyklopaedie-der-wirtschaftsinformatik.de/lexikon/daten-wissen/Informationsmanagement/Informationsmanagement--Aufgaben-des/it-management (2016). Zugegriffen 02.05.2016.

Ries, E.: The lean startup: how today's entrepreneurs use continuous innovation to create radically successful businesses. Crown Business, New York (2011)

Ropohl, G.: Eine Systemtheorie der Technik, 2. Aufl. Hanser, München (1999)

Sato, D.: DevOps in practice: reliable and automated software delivery. Casa do Código, São Paulo (2014)

Schuh, G., Klappert, S., Schubert, J., Nollau, S.: Grundlagen zum Technologiemanagement. In: Schuh, G., Klappert, S. (Hrsg.) Technologiemanagement, S. 33–54. Springer, Berlin (2010)

Sharma, S.: Adopting DevOps for continuous innovation. IBM, New York (2014)

Slack, N., Chambers, S., Harland, C., Harrison, A., Johnston, R.: Operations Management. Pitman Publishing, London (1995)

Spinellis, D.: Don't install software by hand. IEEE Software **29**(4), 86–87 (2012)

Sward, D.: User experience design: a strategy for competitive advantage. In: Proceedings AMCIS 2007, Paper 163 (2007)

Takeuchi, H., Nonaka, I.: The new new product development game. Harv. Bus. Rev. **64**(1), 137–146 (1986)

Uebernickel, F., Brenner, W., Naef, T., Pukall, B., Schindlholzer, B.: Design Thinking: Das Handbuch. Frankfurter Allgemeine Buch, Frankfurt (2015)

Urbach, N., Ahlemann, F.: IT-Management im Zeitalter der Digitalisierung – Auf dem Weg zur IT-Organisation der Zukunft. Springer, Berlin (2016)

Weinreich, U.: Braucht man einen Chief Digital Officer, wenn man Digitale Transformation ernst nimmt? Wirtschaftsinformatik & Management **9**(1), 8–14 (2017)

Willis, J.: What DevOps means to me. https://blog.chef.io/2010/07/16/what-devops-means-to-me/. (2010). Zugegriffen: 28. Dez. 2016

Wolff, E.: Continuous Delivery – Der pragmatische Einstieg. dpunkt, Heidelberg (2015)

Womack, J.P., Jones, D.T.: Lean thinking: banish waste and create wealth in your corporation, 2. Aufl. Free Press, New York (2003)

Zarnekow, R., Brenner, W.: Integriertes Informationsmanagement: Vom Plan, Build, Run zum Source, Make, Deliver. In: Zarnekow, R., Brenner, W., Grohmann, H.H. (Hrsg.) Informationsmanagement: Konzepte und Strategien für die Praxis, S. 3–24. dpunkt, Heidelberg (2004)

Printed in the United States
By Bookmasters